JN254649

新装版　歓喜天信仰と俗信

本書は、小社刊『歓喜天（聖天）信仰と俗信』を
誤植等の訂正を行った上で、新装版として版を改めたものです。
（編集部）

【刊行履歴】
『歓喜天（聖天）信仰と俗信』　一九八九年刊

はじめに

日本における神仏の中で人々に最も親しまれ信仰者の多いのは、神では八幡神と稲荷神、仏教では観世音菩薩と不動明王であろうか。

観世音菩薩は『普門品』に説くごとく、大慈大悲の心をもって人々を救い導くために変化自在であり、その身体から諸天を生むという済度の代表神である。

そればかりか、かつて悪神であり、人々に障害をあたえた神にも自らその中に飛び込み交わって善神として再生させる有難い菩薩である。

たとえば毘那夜迦（ヴィナーヤカ）という魔類にも属する神に対しても、その障害をまったくやめさせて、逆に人々の切実な願いをことごとくかなえてやるという有難い尊天に変えてしまうという力をもっている。

毘那夜迦というのは本文の中で説くが、古代インドの神話に出てくる三主神のうちの一神であるシヴァ神とその妃パールヴァティーの間につくられた子とされ、故あって象頭人身の神である。毘那夜迦は狂暴好色の障礙神（しょうげしん）として恐れられたが、密教においては十一面観音の献身的善導によって、人々のあらゆる願いを聞きとどけてくださる神となり、経でもこれを大聖観喜天と尊称を奉られ、俗に聖天、歓喜天として人気を得、信仰される神に変化した。

聖天はインド神話でもいろいろの物語を残しているので、その名も毘那夜迦のほかに多くの名がある。密教では胎蔵界外金剛部院に伊舎那天の眷属とし、金剛界外金剛部院に六体の像としてあらわされているが、象頭人身の二体の抱擁像で造像されることが多いので、寺院では秘仏として公開しない所が多い。この抱擁像は毘那夜迦を仏道に帰依せしめて善神に立ち返らせるために十一面観音が毘那夜迦類の婦女身となって、毘那夜迦とセックスを行っているところをあらわしたものであるが、その説明を聞かぬかぎりセックス像とは決して見えない。愛情の表現として単に抱擁している像としか見えないのであるが、寺院側では聖天の尊厳を畏れるあまりか決して公開しない所がある。それならばインド・ネパールのように単身像を祀ればよいのであるが、歓喜天という名の由来通り双身抱擁像の方が和合神として拝みやすいらしい。

また日本の寺院では聖天の本地あるいは実の本尊としては十一面観音であって、象頭人身抱擁の聖天はかりの姿であるとし、前立本尊に十一面観音を配する所が多い。

聖天は本来は男毘那夜迦であって十一面観音ではない。男毘那夜迦を仏法に帰依せしめ、障害をしないと約束させるために十一面観音が女毘那夜迦に変身して交わったので、男毘那夜迦が歓喜改心したので歓喜天と称されるのであるから、本尊はあくまで男毘那夜迦であるはずである。もっとも毘那夜迦と十一面観音が交わって一体となり（インド思想にある）障礙神としての存在が消えたから、実の姿は十一面観音であるというのであれば、なぜに聖天あるいは歓喜天の名称を用いるのか。

またインド・ネパールその他の仏教国をはじめとして、日本においても、象頭単身の聖天像はあるが、これも本地は十一面観音とするのであろうか。

そして諸人の願いを聞きとどけてくださるのは男毘那夜迦でこれが聖天さんであり、特殊な供え物として蘿蔔根（らふこん）（大根）を供え、また紋章式に大根をシンボルとするのであって、十一面観音に供えるものではないし、浴油供（よくゆぐ）においても同様である。

いったい聖天さんとは何かという素朴な疑問に寺院側は明快に答えない所が多い。

これにはむずかしい問題があるのであるが、現在の聖天さんは何かということより、そのルーツである毘那夜迦について知ることも一方法であろう。

目次

第一章　聖天について

聖天とは

聖天は梵名でナンディケーシュヴァラ（Nandikeśivara）といい漢訳して難提自在天（なんでーじざいてん）という。自在天の称を用いたのは『大聖歓喜双身毘那夜迦天形像品儀軌』に「六通自在の故に聖天と名付く」とあるように変化自在の天であるからである。これはシヴァ神の眷属として付けられた名で、シヴァも自在天である。一般的にいわれているのはガネーシャ（Ganeśa）で漢訳では誐尼沙と書く。イーシャ（iśa）は神で衆主の意味もあるから、集団の王である。

またガナパティ（Gaṇapati）は漢訳で俄那鉢底（がなばってい）・誐娜簸底（がなばてい）・迦那鉢底（がなばてい）・伽那鉢底（がなはってい）と書かれているが、ガナ（gaṇa）とガーネ（gaṇe）は集団であり、パティ（pati）は主であるから、これも集団の主の意である。

またヴィナーヤカ（Vināyaka）・ヴィグナナーヤカ（Vighnanāyaka）ともヴィグネーシュヴァ

ラ（Vighneśvara）などとも呼ばれ、ヴィナーヤカは指導者の意であるが、障害の意がある。このヴィグナ（Vighna）は破壊者あるいは障害をあたえる者の意でガネーシャを指していう言葉であるから、障害・災いの神である。故にヴィグナナーヤカ（Vighnanāyaka）、ヴィグネーシュヴァラ（Vighneśvara）、ヴィグナパティ（Vighnapati）、ヴィグナラージャ（Vighnarāja）、ヴィグネーシャ（Vighneśa）等ともいって障害の主・障害の王とされる。

しかしこのガネーシャを正しい方法で信仰すると障害を除いてくれる神となり、ヴィグナナーシャナ（Vighnanāśana）、ヴィグナヴィナーヤカ（Vighnavināyaka）、あるいはヴィグナナーシャカ（Vighnanāśaka）と呼ばれる。

《聖天の基本像》

このように梵語の呼名からは障害をあたえる王と障害を取り除いてくれる王という二つの性格にされているが、民衆の願うところは、障害を除くことであり、さらに飛躍して幸せを祈る神としての対象にしている。そして障害をあたえる呪力の猛烈さに大衆は恐れを抱く反面に、他の神々や仏様に祈願できないようなことでもこのガネーシャには祈願することができるというところに多くの信者を獲得できる所以がある。

その障害をあたえる面のガネーシャは『蘇婆呼童子経』によると、ガネーシャを毘那夜迦の名であらわし、四種類の魔の集団としている。その集団の一つは摧壊部で、その首領を無憂大将（密教では金剛摧砕天 Vajravikiraua という）とし、護世四天王の真言を唱えるものに障害をあたえ、二つ目は野干部で首領を象頭大将とし、摩醯首羅天の真言を唱えるものに障害をあたえ、三つ目は一牙部で首領を厳髻大将（密教では金剛飲食天 vajraanāla という）とし大梵天王の真言を唱える者に障害をあたえる。四つ目は龍象部で、その首領を順行大将（密教では金剛衣服天 Vara-vasi という）といって仏教の経典による真言を唱える者に障害をあたえるとしているから、つまり仏敵であるが、すべてが象頭の障礙神ではないらしい。つまり天魔夜叉の類い

ライフ誌に描かれたインドの神
（アメリカ人はデモンとして見ている）

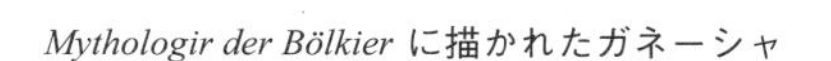

Mythologir der Bölkier に描かれたガネーシャ

と同じであって、この四種の魔党は『大聖歓喜双身毘那夜迦天形像品儀軌』によると、摧壊部の無憂大将、一牙部の厳髻大将、龍象部の順行（じゅんこう）大将は頭の天冠の上に象頭を付けてるか象頭であるが、野干部の象頭大将の象頭人身が、これが神話で語られるガネーシャに一致する姿である。そして右手にモーダカを持ち、左手に蘿蔔根を持っており、普及している毘那夜迦像の基本形であろう。右の野干とは日本では狐に当てているが本当はジャッカルである。

つまり、毘那夜迦神は障害をあたえる無数の神を指していい、また四部の大将にもいい、またこれを代表する一神にもあてはめられる。

《聖天の性格》

こうした恐ろしい性格の障礙神となったのは仏教以後で、初期は他の神々が杞憂して生まれないように願ったとおり、父親シヴァの荒々しい破壊の神の性格をうけついだだけのもので、たんに狂暴な破壊神にすぎなかったはずである。

それが仏教がしだいに体形をなしていく過程で、仏教信者に敵対する恐ろしい邪神的性格に変形せしめられ、結局、仏教に屈伏するという経過において護法神的神ともなり、また本来の障礙神的性格を残したのであろう。

これは仏教が、それ以前の神をすべて悪神としながらも教化されて護法神的性格に替えられた仏教特有の常套手段のパターンに合致すべくつくられていった神であるから、この障礙

ガネーシャ
（ネパール　石彫）

ガネーシャ（インド　青銅）
〈マドラス博物館蔵〉

神にして障害を取り除く神としての二面性は仏教が広まってからつくられたものであろう。仏教に取り入れられた神として再生するからには、やたら人に障難をあたえるのでは魔神以外の何物でもなく、恐れられるだけで信仰の対象にならないので、仏法、あるいは仏法作法に欠けるときに恐ろしい障害をあたえる神ということになった。

日本には怨みをのんで死亡した人、正しくありながら、よこしまな勢力によって滅亡させられた人は怨念によって祟りをなすという観念が強く、この怨念を鎮めるために神として祀る風習がある。これは御霊（ごりょう）社として鎮魂の意味で、怨念に対する恐れから霊をなだめるのであるが毘那夜迦の場合は生まれながらにして障礙神であるから、災いを避けるために祈る対象として、障りないように祈るべきであるが、諺に「禍変じて福となす」のように、禍を封じてもらう願いから、さらに進んで招福にまで発展したのは仏教の方便である。

《毘那夜迦の障害》

では毘那夜迦がどんな場合に障害をあたえるかというと、たとえば『蘇婆呼童子経』では、人が行動するときに一定の方法にかなわない行為であるとその人に障難をあたえるというのであるから、まるで規律の目付役のようである。その法というのはどういうことかというと、結局インドの古くからの通常常識的な風俗習慣が基準になっているのではあるまいか。たとえば睡眠をするときに臥せる姿勢、入浴、また仏を供養したりするときに、少しでも順序や方法に誤まりや粗漏があると、それにつけ込んでその人の体内に食い込んで、心を乱させ、貪(どん)・癡(ち)・無明(むみょう)の火を燃え立たせて、修道する人に障害をあたえるというのである。

つまり信仰心の妨害であるから、キリスト教で敵とする悪魔(サタン)と同じであるが、異なる点は悪魔はあくまでキリスト教と真向から対立した邪悪で人道を否定したものであるが、毘那夜迦の妨害は仏法（毘那夜迦に対する信仰を含めて）に対して正しい行動をとらなかった者に対して悩乱苦境におとし入れるのであって悪魔のごとく魔党に引き入れるためではない。

水行という毘那夜迦は、人が身体を洗浴するときに、法に則った正しい法で行わぬと、その手抜かりの所から人の身中に潜入し、いくら一心に念誦していても懈怠（けたい）（なまける）の気持を生ぜしめたり、気が散ったり、読誦妨害のために咳嗽（せきをする）を発せしめたり、饑渇（ひもじくなったり、咽喉が乾いたり）させ、また惰眠をむさぼらせたり、身体をだるくさせたり、いらいらさせて癇癪を起こさせたりする。こういう症状の人は洗浴に手落ちがあって水行毘那夜迦に侵されたものであるという。

食香という毘那夜迦は、香を仏に塗って供養するときに、その作法に不行届きの点があると即座にその者の身体に入って、気が散るように望郷の念や、他の妄想や、他人の未亡人のことを想わせて淫らな想像を起こさせ、遊楽の誘惑で、好・貪・美に気持がそれるようにして、真面目に信仰する心を失わさせようとする。

このほか人が仏に向かったり、いろいろの行動をするときに、正しい法で行わないと、いろいろの専門の毘那夜迦が人身に食い込んで人を悩まし苦しめる。

たとえば､寝室に入ってもなかなか睡れず女性を犯そうという淫らな妄想に駆られたりし、睡ると虎・獅子・猪・狼・狗に追われたりするような夢を見てうなされたり、駱駝・驢馬・猫・野干（スリーガラ、日本では狐）、鷲・鳥・鷺・山犬・鬼・獯胡（くんこ）（蛮族）などの出る夢を見たりする。また夢の中で禿げた髪の黒い裸の人や、裸の外道、破れた乞食のような姿の人、枯れた池や、水のない井戸、骸骨の山、髑髏、荒れ果てた住宅、悪人に追われまた迫害をあたえられるなど、こうした嫌な夢を見るのは、すべて毘那夜迦の仕業で、それはその人の行為が法に欠けたことがあったが故にそうした結果を生じるのであるという。

したがって毘那夜迦は西欧の悪魔とは少し違う点は違法に対する懲罰官であり、貪欲に堕すも癡情となるも、無明無知になるのも本人が安易な気持に安定するのではなく、こうした精神状態と環境におちさせて、良心の呵責に苦しんで安心立命の境地でない苦患に悩ませるのであるから、毘那夜迦の無数の眷属は、それぞれが人に対して悪業をはたらくように見えるが警世家的立場である。

つまり法に則った行為であれば毘那夜迦のつけ込む余地はないのであるが、その法というのがはなはだインド思想的仏教倫理観から観念的につくられたものであろうから、彼らの定めた法はなかなか把握しにくいし、はずれがちであるから毘那夜迦のつけ込む隙だらけといえる。

聖天の名のいわれ

ガネーシャが漢訳されて歓喜天といわれ、また聖天といわれることについては、『大聖歓喜双身毘那夜迦天形像品儀軌』に、

六通自在の故に聖天と名づく。智慧自在の故に大自在天と名づく。敬愛を成就するが故に双身毘那夜迦王と名づく。五穀を成就するが故に六臂天と名づく。

とあり六通自在、智慧自在、変化自在で愛情と五穀豊饒とあらゆる願いを聞きとどけてくれるから大聖天王というとしてある。

六通とは六種の通力で三乗の聖者の所得するところで、天眼通・天耳通・知他心通・宿命通・身如意通・漏尽通の神通力をいう。つまり他の神仏に頼れないようなことでも、その願いを聞きとどけてくれる威力霊力を有しているので大聖天王とされるのであるが、大と王を略して聖天と呼ぶようになった。

また歓喜天の名の由来については『加持祈禱秘密大全』に、

毘那夜迦王が疾疫病をはやらせて人民を苦しめたので、人民が十一面観音にその害毒除去を祈願した。観音は毘那夜迦の被害を防ぎ人民を救おうと、美しい毘奈夜迦女性となって王に近付いた。王はこの女性を見ると忽ち淫心熾となって交わろうとしたときに女性が、わたしの体を得たいのであれば、先ず私の言うことを誓って守って下さい。それは仏法を守護し、人々を苦しめることを止めて下さいと言ったので、王はそれを承諾して護法神となったので、十一面観音化身の女性は毘那夜迦王の欲情を充分満足させた。こうして毘那夜迦王は無上の歓喜を得たので歓喜天という。

とあるから、歓喜は女性と交わって、快感の絶頂に達したことからいう名であり、性交(ミトウナ)の絶頂のよろこびを味わった神ということになる。

聖天の像容

《聖天が象頭の理由》

聖天が象頭人身である由来については、インド神話はさまざまの物語で説明している。

㈠シヴァ神とその妃パールヴァティーは子供をつくりたかったが、神々はシヴァに子供をつくらないように約束させた。その理由はシヴァは狂暴な破壊の神であるから、もしシヴァの子が生まれると父親以上に狂暴な破壊の神となるであろうことを恐れたからである。しかしどうしても子供を生みたかったパールヴァティーが、シヴァの留守中に自分の体から出た不浄物と化粧油を混ぜてつくった子がガネーシャであるという。

㈡パールヴァティーの皮膚の屑からつくられたという。㈠と似た話の内容であるが、こうしてつくられたガネーシャがパールヴァティーの室（浴室ともいう）を守るよう命ぜられたときにシヴァが戻って来て、妻の室の前に知らぬ男がいて（男がシヴァの入るのを拒否したので）口論となり、怒ったシヴァがその男の首を斬り落とした。パールヴァティーはこれを知って歎き悲しんだのでシヴァは後悔して慰めたがもうどうすることもできず困惑した。そこでヴィシュヌ神が見かねて、その男の首を探しに出かけたが何処にも見当たらなかった。

シヴァとパールヴァティー（ネパール）

ヴィシュヌ神も途方に暮れたが、たまたま途中で出逢った象の首を斬って戻り、この男の胴体につないだので象頭人身のガネーシャになったという。

㈢パールヴァティーは自分の体から出た不浄物を軟膏で練って、ガンジス河の河口に行き、マーリニーという象頭の羅刹女に飲ませたので、マーリニーが妊娠して子を生んだので、その子をもらってパールヴァティーが育てたのがガネーシャであるという。

㈣『ブラフマー・ヴィアルタ・プラーナ』によると、パールヴァティーは子供を生んだので、いろいろの神が来てその子を見て褒めた。ところが鬼神シヤニは来て褒めぬので、パールヴァティーはシヤニに子を見てくれと頼んだ。シヤニは邪視の神であるから見られると良くないことが起こるのであるがパールヴァティーはそのことを忘れていた。シヤニは来てパールヴァティーの子を一目見ると、子の頭は瞬間に燃え上がって灰になった。パールヴァティーは歎き悲しんだので、ブラフマーが気の毒に思って、最初に目にしたものの頭を斬って付ければ子は生きかえると教えたので、パールヴァティーは最初に出逢った象の頭を斬って子の胴に付けた。そのためにその子ガネーシャは象頭であるというのである。

㈤『スカンダ・プラーナ』では、ある悪魔がパールヴァティーを嫉み、シンドゥーラという悪魔に、パールヴァティーの胎内に入って、その胎児の頭を食うように命じた。シンドゥーラはパールヴァティーの胎内に潜入して胎児の頭を食ってしまったので、生まれた児は頭無しであった。児は自分で頭をつくらねばならぬので、すぐに象鬼ガジャースラの首を斬って、それを自分の頭としたので象頭になったのである。

㈥南インドの伝説ではシヴァとパールヴァティーが子供をつくりたいために房事を行ったが、そのときの体位が象の体位で行ったために生まれた子が象頭であったと伝えられている。

㈦シヴァの后烏摩が子供を生みたいために千人の梵士を供養し、ヴィシュヌに祈ったので美しい男子が生まれた。そこで多くの神が祝いに来たが土星だけは下を向いていて子供の顔を見なかった。そこで烏摩が、折角誕生の祝いに来てくれて肝心の子供を見ないのはどういうことかと詰め寄った。土星は私が子供を見るとよくないことになると答えたのもきかず、無理に見ろといったので、土星が子供を見ると瞬間にその首がとれて飛び去った。烏

パールヴァティー
（ニューデリー国立博物館蔵）

摩は驚き泣き悲しんだので、ヴィシュヌ神が金翅鳥（こんしちょう）に乗ってブシュバフハドラ河に飛んで行き、睡っていた象の首を断って持ち帰り、首を失った子の軀についだので象頭になった。これがガネーシャであるという。四の伝説に共通する。

《聖天が象頭で牙一つの理由》

ガネーシャはエーカダンタ（一牙）という名前もあり、一本の牙をあらわし、一本は欠けた貌で表現される。これについてはインド神話では、パラシュラーマ（戦斧を持っているラーマ）がシヴァを尋ねてカイラーサ山にやって来たときにシヴァは眠っていた。その部屋の外にガネーシャは番をしていたが、ガネーシャはパラシュラーマを知らないので入室を拒んだ。そのために口論となり争いとなった。パラシュラーマは怒って手にした戦斧をガネーシャに投げた。ガネーシャはパラシュラーマを撃退させることは手易いことであったが、その戦斧は父のシヴァがつくったものであるから、無力な武器であることを知られたくな

象頭で牙の代わりに蘿蔔根を持つ

いので、わざと牙で戦斧を受けとめた。そのために一本の牙は欠けてしまった。とされている。そして日本における像容には一牙のものには片手に欠けた牙を持つなどの表現があるが、ネパールなどの像容においては牙の欠けた表現はなく、鼠を踏まえた象頭人身十二臂であるのが多い。

十二臂については、右手は斧鉞・厥・剣・鈎・矢、左手に棍棒・槍・頭蓋骨杯・三叉戟・弓、そして胸上の右手に三鈷、左手に頭蓋骨杯である。

この中で厥は飛び上がるの意であるが図では槍先状の元に三つの孔雀の尾羽根状のものを付けた武器になっているから手突矢（打根矢）のように手で投げる手裏剣状の武器であろう。この形状が中国か日本の毘那夜迦像の持物としてあらわされたときに葉の付いた大根に変化したものであろうか。大根については牙の変形とも思われる節もある。また左手を胸に置くところには頭蓋骨杯（髑髏盃）があるにもかかわらず、別の左手にも頭蓋骨杯

象頭で牙一つ

を持つのは、これが日本における聖天像の持つ果盤に当たるのであろう。

《象頭二臂の聖天》

象頭人身二臂像については佐和隆研氏編の『仏像図典』の聖天の説明の中で『諸説不同記』に、「現図は象頭人身、右手に鉞を持ち、左手は肘を開いて左に向って蘿蔔根を執り左に向く。山図は右に歓喜団を持っている」と記している。

インドでも古くは二臂であったらしく、マトウラ博物館の石像ガネーシャは二臂の裸身で巨大なリンガまで表現されている。

またネパールの石彫のガネーシャ像にも二臂のものは多く見る所である。

四臂の聖天

四臂の聖天

《象頭四臂の聖天》

『大聖歓喜天使咒法経』では、

阿伽木を取ること、一指節長の如し。四臂天を刻作し虫衣を着す。頭に七宝冠を戴き、右手は鉞斧を把り、又上手は歓喜団の盤を把る。左手は棒を執り、下手は牙を執る。左辺の牙は折れ、その觜は遶りて歓喜団を取る勢あり。

とあり、『大聖歓喜双身毘那夜迦天形像品儀軌』では、

其の形は象頭人身、四臂を具足す。左一手は金剛杵を執り、次手は鉞斧を持つ。右一手は羂索を執り、次手は三叉戟を持つ。

インドのニューデリー国立博物館には四臂の石像ガネーシャがあり、またカルカッタ・インド博物館にも四臂の石像ガネーシャ像があり、マドラス博物館にも青銅の四臂のガネーシャがある。これらは多く短軀で太った腹をし、日本密教の表現とは異なり、聖天の祖型と

してインド神話的である。

《象頭六臂の聖天》

六臂の歓喜天については『仏説金色迦那鉢底陀羅尼経』に、

其の身を正位し、鼻は右に向いて曲り、左上手は刀を把り、次手は歓喜団を把り、下手は剣を執る。右上手は棒を把り、次手は縛折羅（ばさら）を執り、下手は索を把る。身は金色に作り、脚は金山を踏む。

また『大聖天歓喜双身毘那夜迦法』には、

象頭人身、左の牙を出し、右の牙は折れ、面を少しく左に向け、其鼻は外に向って痩れる。身の色は赤黄にして六臂あり。左上手は刀を執り、次手は菓盤を把り、下手は輪を把る。右上手は棒を把り、次手は索を把り下手は牙を把る。

また『大聖歓喜双身毘那夜迦天形像品儀軌』では、

其の形象頭人身六臂を具足す。六臂は所謂左上手に刀を把り、次手は果盤を把り、下手は輪を把る。右上手は棒を把り、次手は跛折羅を把り、下手は索を把る。

《象頭十二臂の聖天》

日本においては八臂以上の仏神はすこぶる少ないが、ネパールにおけるガネーシャは聖天の祖型を示すものであるが十二臂を有し、右手に斧鉞・厥・剣・鈎・矢、そして三鈷を持ち、左手に棍棒・槍と楯・頭骸骨杯・三叉戟・弓、そして胸中央に捧げた頭骸骨杯を持ち、武器を十も持っていることは戦闘神をおもわせる。

ネパールの聖天は近代の絵画であろうが、頭に冠を戴き、上膊部や手首・足首に宝石を鏤めた釧を付け、首飾りを幾重にもかけ、腰に壮麗な裳をまとって鼠を踏むように立ち、鼠はうづくまっている。身体は真白のものと赤いものとがあるが、白色は日本密教でいう厳髻大将、すなわち金剛飲食天（Vajranāla）や金剛衣服天（Vajra-vasi）、順行大将に当たるが、ネパールではそうした形で毘那夜迦を区分していないかもしれない。

象頭六臂の聖天

《三面三目四臂の聖天》

佐和隆研氏編の『仏像図典』に、三面三目四臂の歓喜天像は大正蔵図像で、『覚禅鈔』に玖目天法という偽経を引用して三面三目四臂の歓喜天像二種を説いている。

その一は左右二手根本印の他、左下手歓喜団、左上手刀、右上手棒、右下手蘿蔔根としている。三面三目四臂というのはどういう意味であろうか。各面に三目あり、各面が象頭で四臂ということであろうか。日本の聖天には三目は見られぬがネパールのガネーシャには三目象頭はあるからこれに類したものであろう。

また生駒聖天の宝山寺は江戸時代に湛海律師が開いたものであるが、聖天像をつくる前に象頭人身の三面六臂、顔は火のごとく赤く、丈は七尺（二メートル余）もあった聖天像が示現したという。これによってそのお姿を鋳工に命じてつくらせたのが、象頭人身・双身抱擁の聖天像であると『和漢三才図会』などには記されているが、示現した三面六臂というのは双身で三面というのはおかしいから、どうも単身像のようである。まるで金剛夜叉明王のような聖天像である。

ガネーシャ（インド　石彫）
〈ニューデリー国立博物館蔵〉

《双身の聖天と単身の聖天》

数ある仏教神の中でなぜ聖天は二体のものもあるのかという疑問もある。仏教神の中には大威徳明王のように六頭のものもあり、降三世明王のように四面のものもあり、三面は多く見る所であって、さらに十一面観音というのもあるが胴は一体である。また四臂から十二臂、さらに千手観音もあるが胴は一体である。このほか大威徳明王のごとく六足もあるが胴は一つで、これらの多い人体部分はその仏教神の威力・能力をあらわしたものであるが、究極は一神一体である。

しかるに聖天は一神一体のものがあるが、日本において多く見る所は二神抱擁の二体であり、これは『加持祈禱秘密大全』そのほかの経典で説くごとく、体は毘那夜迦で、一体は十一面観音の化身である毘那夜迦女であり、この両体をもって聖天としている。またこの両体から歓喜天とも称されるのであるが、本来からいえば男毘那夜迦が聖天である。

ところが待乳山聖天の説くところでは女毘那夜迦である十一面観音が聖天であると主張するところもあるが、それでは男毘那夜迦は何であるかということになる。

象頭双身の聖天（顔を交互につける）

毘那夜迦が聖天といわれるのは神話を取り入れた密教において揺るぎない事実であるが、毘那夜迦の障害を取い除いて仏法に帰依させるために十一面観音が女毘那夜迦になったから聖天の本地は十一面観音であるとするのはおかしい。聖天として信仰するのは十一面観音であって、男毘那夜迦の存在は無視されたことになる。女毘那夜迦が十一面観音の化身であっても、男女毘那夜迦の抱擁した二体の聖天には変りがないはずである。

十一面観音の化身と抱擁しても、男毘那夜迦が聖天もしくは歓喜天といわれるべきで、十一面観音の化身が女毘那夜迦であるから、聖天は十一面観音であるとするのは密教系の一部の者のすり替えの論理である。

聖天の別の表現を歓喜天というのは、十一面観音の化身によって男毘那夜迦が慰められて歓喜の境地に達したから称するのであって、歓喜天の主体は男毘那夜迦であることは間違いない。

このようにすり替わることは、日本密教の峻厳なる仏神を神聖視する観念から生まれることで、宗教の立場からはあえて矛盾を感じることでないが、聖天の来由からみると奇異に感じることである。

ではなぜ聖天に限って二体であるかということは、『加持祈禱秘密大全』などの説く説

象頭双身の聖天
（上半身は離れ下半身は密着）

話は別として、これはおそらく、その両親であるシヴァ神とパールヴァティー妃の抱擁より生じて一体神となったアルダナーリーシュバラ（Ardhanārisvara）の投影であるとも考えられる。

そしてこうした抱擁像は陰陽合体による梵我一致の宇宙観を根底とするインド宗教からみて、狂暴なもの、あるいは強豪剛直なものを和するに、優しいものを配する論理が常にはたらいている結果からであろう。そしてそこから生じるシャクティを活力の重要なものと見る。シヴァ・シャクティ、ヴァジュラサットヴァ・シャクティ（Vajrasattva Sakti　金剛薩埵）、チャンダマハーロシャナ・シャクティ（Caṇḍamahāro shana Sakti　不動）、チャクラサンヴァラ・シャクティ（Cakrasanvara Sakti　勝楽尊）等々はすべて抱擁像でミトウナをあらわし、男性原理と女性原理の相対の一致で金（金剛界）と胎（胎蔵界）の合一にも、空（シューニャ）と悲（カルナー）にもあてはめた原理の表現であるから、聖天にも同様の思想が入っているとも考えられ、女毘那夜迦が十一面観音の化身であるとするのは後に考えられたことと思う。恐ろしいモンスーン（台風）的威力のある狂暴のシヴァも優しいパールヴァティーによって慰められている像があるごとく、毘那夜迦も女毘那夜迦によって慰められて護法神になったことは、親子関係とはいえ、性格はシヴァに共通するところがある。

そうした意味からいえば女毘那夜迦は河も十一面観音の化身でなくてもよいが、たまたま観音は民衆救済に常に努力され応変自在であるから、十一面観音が率先して女毘那夜迦になって狂暴悪虐のもとである欲心（性的意味の）を鎮め、そして仏法護持の善神に立ち帰らせたのであろう。したがって双身のうちの一身は十一面観音でなくてもよいわけである。

『大聖歓喜双身大自在天毘那夜迦王帰依念踊供養法』に、

大聖自在天は、これ摩醯首羅大自在天にして、烏馬女を婦となし、生む所三千の子あり。その左の千五百は毘那夜迦王を第一となし、諸の悪事を行じ、十万七千の諸の毘那夜迦類を領す。右の千五百は扇那夜迦持善天を第一となし、一切の善利を修し、十七万八千の諸の福伎善持衆を領す。この扇那夜迦王は則ち観音の化身なり。彼の毘那夜迦王悪行同生の一類を調和せんがために兄弟夫婦となり、相抱同体の形を示現す。その本因縁は具さに大明呪賊経にあり。

と記されているように、扇那夜迦持善天が毘那夜迦を温順しくさせるために夫婦となったと記している。扇那夜迦持善天は観音の化身であるとしているが、扇那夜迦持善天は女性であり、摩醯首羅自在天（シヴァ）と烏馬女（パールヴァティー）の間に生まれた子で、毘那夜迦王とは兄妹か姉弟に当たるものである。この物語によれば近親相姦に当たるし、摩醯首羅自在天と烏馬女が観音を生んだことになる。

これが、『阿娑縛抄』では観自在菩薩が毘那夜迦女になったとし、常にあらわれるのは観世音菩薩であるから、聖天の功徳はむしろ毘那夜迦よりも観自在菩薩にあるとも思える。

そうした考えからいうと双身の聖天と単身の聖天とはその功徳、ご利益が違うのではあるまいか。

単身の毘那夜迦は障害・破壊を除去する力をもつと同時に、法にかなわぬことをすれば恐ろしい障害や人の精神を迷わせる神であるが、双身の毘那夜迦は観自在菩薩（十一面観音も含めて）が一体（抱擁して）となっているので障害的行為は許されないのであるから、明らかに単身と双身は異なることになり、双身は広大無辺の観自在菩薩に代表される。とすれば、男毘那夜迦の存在は影が薄く必要ない存在で、観自在菩薩をもって聖天とすることになるが、それであれば聖天の名称も用いる必要はないはずである。

待乳山聖天は十一面観音を前立本尊とし、ご尊仏も十一面観音とするのもこうした点からであろうが、それならなぜ聖天の供物とする蘿蔔根（大根）を供え、浴油供を行うのか。いずこの観音でもこうしたことは行われないと思う。

ここに聖天を祀るところの不思議さがある。この毘那夜迦の狂暴悪逆さを鎮めるために登場した女毘那夜迦は、インド、チベットにおける諸仏神のミトウナ像、特にシヴァとパールヴァティーのミトウナ像の反映であって観自在菩薩として登場するのは密教上の発想ではなかろうか。

そして毘那夜迦の本来の姿は単身であったものが、毘那夜迦の性格を表現し、また善神にするために諸経が観自在菩薩の広大な慈悲に結び付けて双身としたが、優雅な観自在菩薩とのミトウナでは獣婚的表現になるので、同じ象頭人身の女毘那夜迦として表現したものであろう。

《双身の聖天—歓喜天のいわれ》

双身歓喜天については『阿娑縛抄（あさばしょう）』の第百四十九歓喜天の巻に、

毘奈夜迦密伝に云はく、師の口伝に云はく、山あり毘奈夜迦山と名づく。此に象頭山と云ひ、また障礙山と名づく。そのなかに多毘那夜迦あり。その聖を歓喜と名づく。その眷属無量の衆と倶なり。大自在天の勅を受けて世界に往き、衆生の気を奪ひて障礙をなさんと欲す。その時観自在菩薩は大悲、心に薫じ、慈善根の力をもって化して毘那夜迦婦女の身となり、彼の歓喜王の所に至る。時に彼の王は婦女を見、欲心熾盛にして彼の毘那夜迦女に触れ、与にその身を抱かんと欲す。是に於て彼の女云はく、我れ障女に似たりと雖も、昔より以来能く仏の教を受け、袈裟衣服を得、汝もし実に我が身に触れんと欲せば、我が教に随ふべし。即ち我れの如く未来世を尽すまで能く護法をなすや否や。また我れに従って諸の行人を護りて障礙をなさざるや否や。また我れに依りて已後、妻をなすなきや否や。汝是の如き教を受けば、親友とならんと。時に毘那夜迦云はく、我れ縁によりて今汝に随ふ。今より已後、汝の言に随って仏法を護らんと。時に毘那夜迦女は笑を含んで而して相抱く。

とあり、また『覚禅妙』に『使咒法経』の文を引いて、

二像一身は女形、一身は菩薩形なり。女形は毘那夜迦乃至菩薩形は観音の本誓なり。とあり、『含光儀軌(ごんこうぎき)』では、

仏菩薩の化身なり。仏は毘盧遮那即ち宣(の)ぶれば、無所不至の身を言ふなり。我れ化度の為に衆生に随類して普賢最後の身毘那耶迦を現ずるなり。菩薩は観世音菩薩なり。仏菩薩は男女天と為と云云

また、

儗里は是れ観自在菩薩の種子字なり。菩薩此の身を現じ、其の姉となり、勧進して毘那耶迦をして障礙を作(な)さしめず云云

と記されて、観自在菩薩が毘那夜迦の障害を防ぐため姉となったというのであるから、夫婦となったのではなく、善導すべく指導と慈愛で包んだことになる。

また四部の法には、

観世音菩薩大悲心を薫じて慈善根力を以て化して毘那耶迦の婦女心となり、彼の歓喜王の所に往く。彼の王此の婦女を見て欲心熾盛なり。彼の毘那耶迦、女に触れんと欲し其

象頭双身の聖天
(顔を交互の方向に向ける)

の身を抱く、時に障女形之れを受くるを肯ぜず。彼王即ち憂て敬を作す。是に於て彼女の云く、我れ障女に似たりと雖も、昔より以来能く仏教を受け、袈裟衣を得、汝若し実に我が身に触れんと欲はば、我が教に随ふべし。即ち我れの如く尽未来世に至て能く護法を為や否や、又我れに随て諸行人を護て障礙を為すことのなきや否や。又た我れに依て已後毒心を為すことなきや否や、汝是の如く教を受けば親友とならん。
時に毘那耶迦の云く、我れ縁によって今汝に値ふ。今より已後汝等の語るに随て仏法を守護せん、時に毘那耶迦女、笑を含むて相抱く時に彼王歓喜を作して言く、善いかな、我れ今汝の勅語により、未来に至り仏法を護持し障礙を作さず。

と、これは、親友になったとしているから、よきパートナーになってくれたのであり、言い方によっては恋人になってくれたのである。

『加持祈禱秘密大全』に、

昔、魔羅醯羅列王といふあり。唯だ牛肉と大根とを食ふ。国中に牛少なし。民死人を以て供ふ。又死人少なし。即ち生ける人の肉を用ふ。依て国中大臣、人民、四兵を発して、其の王を害せんとす。王は大鬼王毘那夜迦と為り、諸の毘那夜迦

象頭双身の聖天
（体が離れている）

眷属と倶に空を飛んで去る。其の後国中に疾病流行す。そこで大臣、人民は十一面観音を祈念す。観音即ち大悲心を発し、慈悲根力を以て毘那夜迦婦女身と化して、彼の王の所に往く。王は遍の婦人を見て欲心熾盛にして、女に触れんとす。女曰く。我れに触れんとせば、我が言に随へと。王遂に屈伏して、仏教守護を誓ひ、疾疫を止む。毘那夜迦は斯くの如くにして歓喜を得たり。依て名とす。

以上のように十一面観音は説によって親友になったり姉になったりしているが、やはり夫婦になったとする説が多い。またシーボルトの『日本』（雄松堂書店の図録の訳）にも歓喜天は調べられていて、

「聖天　また歓喜天　Nandikeśvara Ganeśa Ganapati　などと呼ばれる。インド神話ではシヴァとパールヴァティーの子。象頭人身で、しばしば夫婦相抱の姿に造られ、性的和合の神として崇拝される」

また、「大聖天を降伏するには大威徳明王法を誦す。本地観音なり。深秘故詳ならず。ちなみに一説によると男女相抱の歓喜天の男神は大自在天（シヴァ）の子で、女神は観音の化身である

象頭双身の聖天
（顔を同一方向に向ける）

という。」

また、

「大聖歓喜天　最高の智恵と歓喜の神〔インド詩においては賢明さの神ガネーサーGaneśā（Ganeśa が正しい）〕「本地すなわち仏教の故郷では観音すなわちアヴァローキテーシュヴァラ」である。原書には以下の注がある「智恵の神を服従させる〔回心させる〕ために大きな力の王（大威徳明王　マハーデーヴア　図一六五参照）の教説が告げられる。」

とし、また、

「大威徳明王は図一六一（第一九図）Yamahtaka　降閻魔尊　六足尊などとも呼ばれる。強大な王〔マハーデーヴァ　Mahadeva〕本地ではアミターバ〔阿弥陀〕に対応　邪悪な龍にうち勝つ者である。『青龍疏』No.112㊅三三—五一六a胎蔵界持明院に置かれ水牛に乗った六面六臂六足像として表はされる。」と『日本』の訳にさらに訳注されているが、もし大聖天にわざわいをうけたら大威徳明王法を誦して降伏させることを述べている。

象頭双身の聖天
（すべてが密着している）

そして聖天の本地は観音であるとしているが、なぜ本地が観音であるかを解いたものはない。すべてが女毘那夜迦は観音の化身として説くが、それでは観音の化身である女毘那夜迦が主体で男毘那夜迦である聖天の効験は無視されることになる。

『雙身毘那耶迦法』に、

その形像夫婦二身相抱いて立たしむ。各々長さ五寸、或は七寸、皆な得、並に象頭人身に作れ……

とあり、『形像品儀軌（ぎょうぞうほんぎき）』には、

夫婦二女相抱いて立たしむ（中略）倶に象頭人身なり。ただ男天の面は女天の右肩に繫（か）けて女天の背を見せしめ、亦女天の面は男天の右肩に繫けて男天の背を見しめ、足踵皆倶に露見し、手足柔輭（だ）にして猶壮肥端正の女人の如し。男天の頭には華鬘なくして肩に赤色の袈裟をかけしめ、女天の頭には華鬘ありて袈裟を着けず、手足に瓔珞環釧あり。またその両足を用ちて男天の足端を踏む。この二天倶に白肉色にして赤色の裾を着け、二手を以て互に腰を抱き、その右手もて左手の背を覆ひ、二天右手中指の端左手中指の背上に至らしむ。

としている。また『大聖天歓無双身毘那夜迦法』（大正蔵二一－二九六上）には、

此法を作さんと欲すれば、先ず須らく像を作るべし。或は白鑞及び金銀銅樺木等を用うべし。各刻んでその形像を作るには夫婦二身和合して、相抱きて立つ、並びに象頭人身。

また『毘那夜迦誐那鉢底瑜伽悉地品秘要』には、

又像二天あり身相抱きて正立す。双つながら象頭人身、其の左の天は天花冠を著け、鼻牙短し。其の目は細く、赤袈裟福田相の衣を著す。身は白肉色。右の天は面目慈ならず、鼻長く目広し。天冠及び福田衣を著けず、身は赤黄色、唯黒色衣を以て其の頸肩を纏う。此の天面を以て前の女天の面に相著け、愛惜の相を作す。

また、

又像二形先の如く相抱きて正立す。唯男天面を以て女天の右肩に繫ぎて女天の背を観る。亦女天面を以て男天の右肩に繫ぎて男天の背を見る。目細く牙短かきを婦天と為す。其二天並びに法衣天冠を着けず。

とあるが、また中村元監修の『新仏教辞典』（増補）には、

歓喜天（梵）**Ganapati**　詳しくは大聖歓喜自在天（*Mahāryanadikesvara*）で仏教に入って大自在天の子、韋駄天の兄弟とされた。形象は象頭人身の単身と双身（夫天は象頭、婦天は猪頭もある）とがある。双身に夫婦の抱く像あって財宝・和合の神とされ、水商売の尊信が厚く民間信仰が盛んである。

と記されているが、双身歓喜天の中には婦天が象頭でなく猪頭もあるとしている。インドの古代神話に相抱く毘那夜迦に猪頭があることは記されていないから中国か日本で行われたのであろうが、なぜ猪頭であるかについてはわからない。（猪頭の女毘那夜迦の項参照）

第二章　俄那鉢底に対する認識

俄那鉢底とは

毘那夜迦は誐尼沙（がにさ）とも俄那鉢底（がなばってい）とも呼ばれることは前にも述べたが、このほかにその姿貌からも別の名称で呼ばれる。これは伝説で戦斧を片方の牙で受けとめて欠けてしまい、一本の牙の象であるところからエーカダンシュトラ（Ekadanṣṭra）といわれたり、坐ったときに腹が突き出しているのでランボーダラ（Lanbodara）垂れさがった腹ともいわれ、また象耳は大きく長いのでランバカルナ（Lambakarna）ともいわれ、また抱擁し合っている双身からドゥヴィデーハ（Dvideha）などといった。そして鼠に乗った姿であるためにアークラダ（Ākhuratha）ともいっているからシヴァとともに多様の名称があるがヒンドゥー教では一般的にガナパティ（Gaṇapati）といわれる。

俄那鉢底は前に述べたとおり、あらゆる願望をかなえる万能の神と、あらゆる障害を生ぜしめる障礙神であるからこの宇宙の一番の実力者である。故に『ガナパティ・ウパニシャッド』や『ガナパティ・プラーナ』では俄那鉢底をたたえていて、俄那鉢底こそ宇宙唯一の能造者で、ブラフマン（梵）であり、アートマン（自我）であるとしている。ブラフマンとアートマンは一切世界の最高原理であるから、つまり一切世界は俄那鉢底から生まれることになる。故に象頭人身の雌雄二つが相擁してミトウナを行っている姿はブラフマンとアートマンが合致して一体となったことを示すものであろう。

この梵我一致の哲学はインドの正統派とされるヴェーダーンタ派の説くところで、俄那鉢底より生ずる一切世界は、「汝において顕現し、そして汝は地・水・火・風・空なり」とまで称讃され、三時・三身を超越した存在とみる。三時とは、過去・現在・未来のことであり、三身はインドの最高の三大主神のブラフマー（梵天）・ヴィシュヌ（毘紐天）・シヴァ（湿婆天）である。故に『ウパニシャッド全書』（九巻　世界文庫刊行会　一七頁）には、

汝はブラフマー（梵天）なり。汝はヴィシュヌ（毘紐天）なり。汝はルドラ（荒神）なり。汝はインドラ（帝釈天）なり。汝はアグニ（火神）なり。汝はヴァーユ（風神）なり。汝はスーリヤ（太陽神）なり。汝はチャンドラマース（月神）なり。汝は梵なり。

とあって、アーリア婆羅門系の最高神の名を惜し気もなく並べて、その神々の能力を併せもっている神としているから、これらの神々のさらに上にある。つまり超越した万能にして一切世界そのものであるとみている。

シヴァとパールヴァティーが子を欲したときに神々はシヴァの子が生まれれば、シヴァ以上の狂暴にして破壊力のある子になるであろうと、子をつくることを戒めたが、パールヴァティーはついに子をつくってしまった。それが俄那鉢底（毘那夜迦）であるが、神々の恐れたとおり無類の恐ろしい障礙神であるが、反面無限の超能力をもつ神でもあるために、梵天・毘紐天・湿婆天、そして宇宙の地・水・火・風・空・日・月より以上の実力者として恐れられ、信仰される立場となった。それは『ヤージュニャヴァルキャ・スリティ』法典で、「ルドラ（荒神）とブラフマー（梵天）からシヴァ・ガナ（湿婆神の一群）を支配することを命ぜられた」としているのはシヴァ以上の破壊力に加えて障礙神としての威力の強さからであろうが、要は人々の願望のあらゆることをかなえてやるその力であろう。

《俄那鉢底と毘那夜迦》

これらの点から考えると毘那夜迦の異名が俄那鉢底であるとされているが、俄那鉢底は一切世界を示す存在であるのに対し、毘那夜迦は障礙神であり、願望をかなえる神であるというのは、スケールの大きさがいささか異なり、同一神とみるのにためらいがないでもない。

佐藤任氏は『密教の神々』でその文化史的考察の第三章聖天（一四八頁）において、

この聖天信仰の起源は何処に在ったか未だ明でない。ある学者はこの神は婆羅門教末期の神であるというが、もと再生族の間に起った信仰とは思われない。現存のマヌ法典には見出せないが、引用によって知られるものによると、シャムブ（Sambhu=Siva）は婆羅門族の神、マードゥヴァ（Madhva=Viṣṇu）は刹帝利族の神、ブラフマー（Brahma）は吠舎族の神、ガネーシャ（Ganeśa）は首陀羅族の神とする句がある。これによって想像するとドラヴィディマン蛮族の間に起った神であるとするのが穏当のようである。

と中野義照氏の文を載せている。そして『マヌ法典』も述べているように「ガナのために祭祀を執行する者」や「ガナの一員たる者」は祖霊祭から忌避されたが、それはシュードラ族という被支配階級の賤しい民族の神であるからであるとし、『マヌ法典』と『ガナパティ・ウパニシャッド』という間に俄那鉢底に対する扱い方が正反対であることに疑問を示している。

　これは民族の違いもさることながら、鬼神類の毘那夜迦と、首陀羅族の神であるガネーシャ、つまり俄那鉢底とは本来異なる神であったのが、いつしか同一神と混同したために障礙神であり一切世界の能造者にも当てはめられたのではなかろうか。それは象頭一身であるのが象頭二身で合体尊となったことがそれを示していると思われる。そして合体尊になったことによって梵（ブラフマン）と我（アートマン）の一致に結びつけられ、ヴェーダーンタ派の最高原理を意味するものとしたのである。

　象頭双身について、一神であるべき俄那鉢底がなぜ二神で表現されるかについて適切な解釈を示したものがない。つまり毘那夜迦の障害を鎮めて十一面観音が女毘那夜迦に化してミトウナして仏教守護神に転ぜしめたからその姿をあらわしたのが象頭双身像であるとするが、それは仏法弘法上の方便的理由であって、インドにおける古い姿ではない。

《単身と双身の毘那夜迦像の違い》

インドにおける毘那夜迦像は象頭人身で単身であり、二臂・四臂・八臂・十二臂であって、それぞれに持ち物がある。

象頭双身抱擁像は抱き合うだけで持ち物はない。持ち物を持つことと、単に抱き合うとの違いは、そこに本質的に違う意味があるのではなかろうか。

象頭の神は毘那夜迦（聖天）だけではない。金剛摧砕天（こんごうさいすい）もあり、金剛飲食天（おんじき）もある。ともに毘那夜迦の一族で、金剛摧砕天（Vajravikiraua）は四方毘那夜迦東方の守護神で金剛界曼荼羅外金剛部院の東方に位置する二十天の一神で無憂大将ともいい、金剛飲食天（Vajranala）も四方毘那夜迦の南方の守護神で華鬘の毘那夜迦または厳髻大将といっている。このほかにも毘那夜迦の眷属は無数にあるが、彼らはそれぞれ持ち物を持っているのが特色である。

しかるに象頭双身抱擁の毘那夜迦は抱き合うばかりで、持ち物は何一つない。抱擁するから持ち物が持てぬ表現となるというのは間違いで、チベットのヒンドゥー教神像は抱擁ミトウナを行っていても、男女ともに持ち物があるのはシヴァ・シャクティ（Siva Sakti）チャンダマハーロシャナ（Candamaharoshana Sakti）、チャクラサンヴァラ（Cakrasamvvara Sakti　勝楽尊）

などを見てもわかるとおりで多臂で多くの物を持っている。

手の数によって異なるが毘那夜迦の持ち物としては刀・棒・三叉戟・金剛杵・鉞斧・鉤・羂索の武器のほかに、武具にも当てはまる輪、索で、このほか好物といわれる歓喜団や、果盤（皿）、跋折羅（ばさら）などを持ち、目立つのは武器と歓喜団（modaka 甘い糖果）である。歓喜団は象の好むものとして考えられたものであるが、武器を持つことは、好戦的であり狩猟民族の神であるからとも思える。

しかるに抱擁像は武器一つ持つことなく、愛の抱擁に打ちこんでいるごときポーズは何を意味するか。生産を目的とする農耕民族をあらわしているごとく見える。

つまり毘那夜迦（俄那鉢底）にいろいろの名のあるごとく、そして障害と招福、そして一切世界をあらわす能力者というような二面性は、象頭一身と象頭双身の違いではなかろうか。『加持祈禱秘密大全』ほか諸書にみられる、毘那夜迦を障礙神から仏法護持の神に転向させるために十一面観音がシャクティによってなだめたというのは、障礙神と、一切世界をあらわすほどの宇宙の神としての俄那鉢底という違う神を同一視したことからつくられたものではなかろうか。

同一神として見るようになったことから相反する性格という矛盾があるのではなかろうか。とすると抱擁像としてあらわされたのは単身像よりは新しく、また単身像であらわされる方が原形であると思える。

日本に伝わり、また聖天（歓喜天）として祀られるのはほとんど象頭双身であり、抱擁ミトウナ像としての表現であるからこそ愛の神、幸福の神の観念が強く、また日本人的感覚から象頭が神であり、そして抱擁（ミトウナ）が神体としてあからさまであるのは、性表現にこだわる民族的感覚からみだりに公開しない秘仏となるのである。これがこうした神を発生せしめた土壌のインドや、性を根元とするネパール・チベットのラマ教圏においては何ら不自然さがなく、当然の神聖な行為（儀式）として見做されるから秘仏にされることもない。それだけ毘那夜迦の性格も発生以来の姿を維持できたのであり、日本においては密教によって秘仏とされながら利益を説いたので、変型した毘那夜迦の存在となって生きている。

障礙神としての聖天

ジャクソンの『グジャラット民俗記』（一九一四年　ボンベイ版）の七一頁に、宋の法賢訳の『頻那夜迦天成就儀軌経』にガネサ（誐尼沙・毘那夜迦）の像をつくり、いろいろの法で願をかける次第が記してあり、障害のさまざまのことが列記してある。その例は、聚落人を皆戦わせる。つくった酒を腐らせる。美しい童女が他家へ嫁ぐのを嫌がらせをする。夢の中で美しい童女と通じさせて狂わせる。市中で人々に裸で踊らせて狂態を演じさせる。女を裸体にして背負い踊らせる。貨財を求める貪欲心を起こさせる。後家に惚れられて、そのために商売を不振にさせる。夫婦を睦まじくさせるのはよいが自分の姿をあらわさない。人民をことごとく狂わせる。敵軍を全滅せしめる。童女を自分の意に従うように仕向ける。帝釈天に勝つ。人を馬鹿にして相手の妻子男女をとる。人家に火災を起こさせる。このほか悪事や乱行を願うことを成就させる。都合のよい願いを成就させようという心は、人間を欲望に駆り立てて正常ではなくすることで障害であるが、聖天の信仰をすすめる者や信じる者はこの中から欲望を満たすために帰依する。貨財を求める者は自分一代は富貴になるが二代より七代までは零落しても自分さえしあわせであればよいという考えで祈り、油餅を供え、またこれを人々に配る。その油餅を食った者は持っている財貨が配った者の所にいってしまう。また夫婦和合のために二股大根を供えるなど俗信の多くが伴い、毘那夜迦を信じても法に添わぬときは、饑渇・懈怠・多睡や、怒りっぽくなり、不逞の心を起こし、不幸が訪れ、夢にもよくないことがあらわれ、ときには不眠、よこしまな考えなどを起こして悩ませる。

また中野義昭訳の『ヤージュニャヴァルキヤ・スムリティ法典』には、毘那夜迦は（人の）事業を障礙したり成功させたりするために荒神（ルドラ）と梵天とからシヴァ（群）の支配者に任ぜられたものである（二七〇）。かれにとり憑かれた人の特徴は下の如くである。眠って水中に余り深く侵入し、剃髪して（二七一）袈裟をつけ食肉獣に乗り、下生者（げしょう）、驢馬、駱駝にとり囲まれていると夢見るごときはそれである（二七二）、また独り歩きしているのに他人に追従されていると思ったり、意識が散乱したり、企業が成功しなかったり、故なくして喪心する（これは皆そうである）（二七三）、かれにとり憑かれた時は王子は支配権を得ず、童女は夫を得ず、婦女は子胎を得ず（二七四）、随聞婆羅門は阿闍梨位を得ず、弟子は吠陀（ヴェーダ）の学誦を得ず、商人は利益を得ず、耕作者は耕作の果実を得ることができない。

と記している。また『仏説毘奈耶経』にはこのほかによくない夢や人を悩ます夢を見ることなどをあげ、これは毘那夜迦が人に障難をあたえようとしている場合に見る夢であるとしている。

このように聖天が障礙神としても恐ろしい荒神であることはすでに認識されており、江戸時代の知識人として有名な天野信景もその著『塩尻』第五十三に、

瑜義経等にいへる毘那耶迦の本身障礙神を一に荒神と称す。是に忿怒と如来との二像あり。一切法の障礙となる神故、修法の時、先降伏する事密家の大事なり。是竈神にあらず。其本地金剛薩埵と習ふ故なり。

とあり、障害をなすところから三宝荒神（過去荒神・現在荒神・未来荒神）と混同することもあった。三宝荒神はそのうえ三方荒神などとも書いているが、仏家がいろいろと故実付けするので、聖天も荒神とされたのであろうが、それらの説くところは大聖歓喜天・不動明王・大日尊・弁才天・観音・文珠まで荒神の本地とする有様であるから、聖天が荒神視されるのは無理もない。

聖天の利益

《聖天を信仰する理由》

毘那夜迦は法に従って正しく供養すると、その者に対してはあらゆる障難を除き守護してくれる。聖天信仰はその面で信仰されるのである。

障難を除く毘那夜迦はヴィグナナーシャカ（Vighnanaśaka）、またヴィグナナーシャナ（Vighnanaśana）、またヴィグナヴィナーヤカ（Vighnavinayaka）と呼ばれている。

『大聖歓喜天使咒法経』には、毘那夜迦の秘法を受持する者にはさまざまのご利益がうけられることが示され、毘那夜迦の陀羅尼を誦するとその前に顕現し、いろいろの障難から守ってくれ、長命・幸福を増すという。民衆が望むのはこの点にある。日本においては聖天に祈り聖天に対するとき、前項で述べた法に対して欠けるところがあれば恐ろしい障害をうけることがあるにもかかわらず、そうしたことは一切無視して、ひたすらご利益のみを願うのが一般大衆であるが、それでも障礙神としての恐ろしさは漠然と観念的に知っているのは僧侶の説き方の不徹底さからくるものであろう。

今井幹雄氏が「低次元の欲望にのみ生きるわたしたちが、歓喜天の前に自分の拙い魂を羞じて畏怖感をいだく」と『歓喜の思想』の中で述べ、これは誤った畏怖としているのは障礙神であるが故に、恐ろしい障害をあたえるからこそ、それを封じてもらえるよう神に従い、それによって幸せ、望みを確保しようという御霊（ごりょう）信仰的発想からで、俗人の願い事はどうせ低次元の願いであるから、それに対して毘那夜迦の怒りをまねく恐れから畏怖する潜在意識があるのであろう。つまり低次元の願いを取り引きすることによる畏れからであろうというのであるが、一方、村岡空氏は「他の神仏が見放すかと思われるような無理なお願いも聞き届けて下さるからにほかならない」と『愛の神仏』で述べているが、いかなる低次元の欲望でも祈ればかなえてくれるということが、聖天さんが恐れられる反面に親しまれる原因であろう。そのいかなる望みもかなえてくれるというのは不空三蔵の『摩訶毘盧遮那如来定恵均等入三昧耶身双身大聖歓喜天菩薩修行秘密法儀軌』の中で、善男子、善女人がこの聖天菩薩法を修行しようとすれば、求めるものや願うことは心に従って意のごとく成就させてくれるとあるところからきており、これには正しい聖天菩薩法を修め行わねばならぬが、大衆にはこうしたことは完璧には成し得ない。にもかかわらず、内心卑しい願いであるがと畏怖しながら、低次元の欲心を満足させようと信仰するのである。

《毘那夜迦の秘法と利益》

では毘那夜迦がどんな利益をもたらす神であるかというと、人間の限りない欲望すべてに応じてくれるというのであるから、仏教神の中で最大の利益をもたらす絶大の能力ある神として俗人から親しまれる。その欲望をかなえるためには、本来、毘那夜迦信仰に則った法式で祀り、そして信仰せねばならぬのが原則であるにもかかわらず、一般大衆は、その法式は無視して、ひたすら欲望充足の鬼類と化して毘那夜迦神（聖天様・歓喜天）信仰に打ち込むのは何でもかなえてくれるというメリットが魅力だからである。

自分の果たすべき努力を忘れて欲望にのみ驀進する浅ましい人間の弱点に付け込むのが毘那夜迦類の活躍場である。

いくら焦っても人間は百歳まで生きるのは困難であり（最近文化と医学と環境の進歩によって高齢社会を現出しつつあるが）、悠久の自然からみれば人生などは放電のスパークにすぎないものであるが、それでも生きている間は満たされた一生を送りたいために欲心限りない。毘那夜迦に祈れば七生まで貧しくなるが本人自体は富貴の生活ができるといわれているので、子孫の貧しさなどはどうでもよく、自分一代だけが富貴であれば満足ということで俗人は信仰する。

こうした定めはどうしてつくられたか。それは毘那夜迦がきめたことでもなく、また真の仏道研究者があらゆる研究分析して得た結論から生じた定めでもなく、仏教者が警告のために勝手に創作したものである。

毘那夜迦に祈って本人一代は富貴になるが、七代まで貧乏のどん底に落ちるという利己主義に対する警告が事実であるとすると、その裏をかいて、二代も三代も引き続いて聖天信仰の厚い信者となっていれば、子孫の不幸は順送りに持ち越されて不幸の境界はおとずれてこないことになる。

まあこうした屁理屈は一応おくとして、毘那夜迦のご利益を『大聖歓喜天使咒法経』からわかりやすく述べてみると、まず第一にすばらしいことは、毘那夜迦の秘法を行うと願望はすべてかなうということである。名誉欲、物質欲、色欲、地位等が思いのままになり、また自分に不利なことや不幸のこと、害、病気、悩みは毘那夜迦の陀羅尼（真言）を誦すれば全部よい方に転じてくれる。淋しい場所や暗い所を行くにも恐怖心をいだくことがなく、他人や賊に襲われることなく、もし襲って来ても直ちに退散したり捕縛されて危険な目に遭わない。いろいろの悪いことに遭遇してもすぐに好転してくれるし、女欲は満たしてくれて円満になり、環境はよくなり、夫婦和合で平和である。

毘那夜迦の上位の立場のものを供養すればもっともっとよいことがあり、下位の毘那夜迦を供養しても幸せになれると説いているのであるから、こんなよいことはない。

そして毘那夜迦の陀羅尼を誦すれば直ちに目の前にあらわれて、思ったことをかなえてくれるというのであるから欲望に対する万能の神である。これは後世勝手につくり上げたものでなく、古くから、そうした神としてつくられていたことはインドにおいて、そうした神としての存在を認められていたことで、不空三蔵の『摩訶毘盧遮那如来定恵均等入三昧耶身双身大聖歓喜天菩薩修行秘密法儀軌』にも、善男善女がこの聖天菩薩法を修行すればあらゆる願望はことごとく意のままになるという意味のことが述べられているから、密教でもこれを本気で信じていたことがわかる。

毘那夜迦は法にはずれると恐ろしい罰をあたえるが、法に則ると人間の欲望を満たすための願いの最も親しみやすい神となるが、その像は威嚇的忿怒相でなく、むしろ滑稽な象頭で目は親しみある優しい目をし、そのうえに最も人間的性格の一部をあらわす男女の抱擁像で、これは立位の交合であるから、愛の神の姿の単的な表現といえよう。

この交合像は人間の最も本能的姿をあらわしたもので、毘那夜迦の父親であるシヴァ神にもあらわされているから、シヴァの投影ともみられる。またシヴァは物凄い狂暴で破壊の神である反面、生産豊穰のしあわせをもたらす二面性をもっているが、毘那夜迦も、人に障害をあたえる反面に、人のあらゆる欲望を満たしてくれるという相反する両面をもっている点は共通している。

しかし日本においては法にはずれたことをすれば恐ろしい障礙神であることはあまり説かず、願えば必ずかなえてくださる有難い仏神であると説くところは大黒天（Mahākala）と同様である。そのためには象頭人身や象頭人身の双身仏では有難味が薄いので、お姿は公開しない秘仏となったのであろう。

《聖天の利益を説く経文・和讃》

日本でそのご利益を説く基となったのは、三蔵訳の『大聖歓喜天使咒法経』などが多く用いられているが、信ずる者にはすべてご利益をあたえてくださる有難いお経で、だいたい前に述べたごとき内容であるが、これを音訓みの棒読みにしたのでは何を説いているか一向にわからないが、訳してみると有難いことだらけで、大衆が熱心に信仰するのも当然である。

大聖歓喜天使咒法経　　唐南天竺国三蔵菩提流志奉　詔訳

爾時毗那夜迦於雞羅山。集諸大衆。梵天自在天。釈提桓因等。及無量億数鬼神等。従座而起。稽首作礼。大自在天請言。我今欲説一字咒饒益衆生。唯願印可。聴我所説。諸天言善哉。如汝所説。毗那夜迦。得説歓喜踊躍即説毗那夜迦一字呪曰

おん　ぎやく　ぎやく　きり　おん　か　うん　はった

爾時。毗那羅嚢伽将領九千八百諸大鬼王。遊行三千世界。我等所為。神力自在遍歴諸方。奉衛三宝已。大慈悲利益衆生。向於世尊。倶発声言。我以自在神通故。号毗那羅嚢伽。亦名毗那夜迦。亦名毗微那嚢伽。亦曰摩訶毗那夜伽。如是四天下称皆不同。我於出世。復有別名。以神変昇虚空。而説偈言

我有微妙法　世間甚希有　衆生受持者　皆与願満足　我行順世法　世示希有事　我能随其願　有求名遷官　我使国王召　有求世異宝　使世積珍利　家宝足七珍　世皆所希有　有求色美者　発願宛然至　莫須言遠近　高貴及難易　志心於我者　我使須臾間　有衆生疾苦　顚枉及疥癩　疾毒衆不利　百種害加悩　誦我陀羅尼　無不解脱者　独行暗冥所　依我皆無畏　劫賊忽然侵　我皆令自縛　若欲自然福　若有求女人　夫心令得女　我必令相愛　世間陵突者　我悉令摧伏　逍遙自決楽　宛然無所乏　有念皆称遂　随有咸満足　説衆悪来侵　我使如其意　我悉能加護　住居皆吉慶　宅舎悉清寧　男女得英名　夫妻順和合　上品持我者　我与人中王　中品持我者　我与為帝師　下品持我者　富貴無窮巳　恒欲相娯楽　無不充満足　奴碑列成群　美女満衢庭　遊行得自在　隠顕能随念　出入無所礙　無能測量者　我於三界中　神力得自在　降世希有事　我皆悉所為　若説我所能　窮劫不能尽　持我陀羅尼　我皆現其前　夫妻及眷属　当随得衛護　我有遊行時　誦我即時至　過於険難処　大海及江河　深山険隘処　獅子象虎狼　毒蠢諸神難　持我皆安隠　若有侵嬈者　頭破作七分　寿命悉長遠　福禄自遷至

爾時。毗那夜羅迦説是偈巳告世人言。説処世陀羅尼法。最護衆生。随其所願。皆得満足当須日夜誦持満十万遍。乃至二十万遍。皆得如所説。即昇虚空。即説呪曰。

なもびなやきやしやかしつちぼきやしや
たにやたあちやなちやしゆばていやち
しつだんきややしばたはややばださしやや
ばりばちそわか

とある。この経に記されていることは常人の願うような欲望はほとんどといってよいほどかなえられることが述べられており、大衆にとっては有難い尊天である。

　また生駒山宝山寺で発行する和讃は、

帰命(きみょう)ちよう礼(らい)、大悲尊　大聖歓喜天王の　ちかわせたもう　言(こと)の葉(は)を　告(もう)すもかしこき
ことなれど　いささかこゝに　教化(きょうげ)して　衆生(しゅじょう)にきかせまいらせん　それ天尊(てんそん)と　もうするは　和光利物(わこうりぶつ)の　表示(しるし)にて　随類応現(ずいるいおうげん)ましまして　陰陽和合(いんようわごう)のもとぞかし　万歳(まんさい)
これより　生長(せいちょう)し　金胎(きんたい)両部の教主たり　外には忿怒(ふんぬ)の御姿(みすがた)は　天に比(ひ)し　利益の厚(あつ)き

は地にひとし　十方に周遍　ましまして　衆生を　まもらせたもうなり　福徳才智かつはまた　延命敬愛　そのほかに　降魔調伏　除病など　ねがいにまかせ　たれたもうたとえまずしきやからにも　尊の名号をとなえつつ　祈れば納受ましまして　たちまち栄華の　シルシあり　卑賤の身にも信じなば　高貴の宮に　のぼるべし　信に応じて随応し　天下に名をも　あぐるなり　もとより愚俗の邪智なれば　尊天これを　あわれみて　すくいたもうぞ　御誓願　ゆえに所願を　成就し　つねに念ずるその家は　災難千里に　のぞきつつ　悪魔万里に　しりぞけて　七宝に　みつぬべし　この天を　信ずるやからは　昼夜擁護　したまいて　楽しみ心に　かないつつ　浮事つねに　なかるべし　かかる難をも　除たまいてや　祈る願望は　いかでか空し　かるべきぞ　これ天尊の悲願なり　深き　化益の海よりも　広きめぐみの　功徳をば　秘めて演ずば　この尊の　とうときおしえに　もどるなり　信をおこして　朝夕に　ただ幣らず　念じなば　福禄家に　みちみちて　命は亀鶴のごとくなり　あなとうときや　その徳を　演るに言葉も　およばねど　いささか功徳を　讃じつつ　大悲の光を　あらわして　われ人ともに　現来二世の　悉地を成就し　一度唱を　縁として　龍華の会場に　値遇せん

大自在尊観世音双身随類度衆生応道交難思議是故我礼歓喜天

南無大聖歓喜双身天王

と唱えるのであるが、ただただ信仰すればよいことが報われるということを強調し、聖天が

どういう仏神であるかを説いていない。その『使咒法（まじない）』に、

よくわが希有微妙の法を受持せんものは、種々の願望を満たし、盛名、高官を叙し、財宝をえ、顚狂疥癩の病いをいやし、悪者の迫害をまぬかるべし。

とし、また受持者を三品三段階とし、

上は帝王となり、中は帝王の師となり、下は富貴を得て、僕婢野に満ち、美女庭に充つ。

と『大聖歓喜天使咒法経』に記されているとおりのことを説くのであるから、人間欲のない者はないから、科学の進歩した現代においてもその信者の数はおびただしく、特に芸能界、サービス業、飲食料理店など人気を重要視する職業が多いが、なかには現代の教育に洗脳された若い女性も目立つのは、施福・和合・良縁・贅沢を望むからであろう。

これらは大学受験・高校進学の時期になると、普段遊んでばかりいてろくに勉強もしないのに一月二月の受験が近づくと、学問の神様といわれる天神様を祀る神社に合格祈願に参拝しに行き、奉納の絵馬が夥しく、果ては八幡社・稲荷社まで祈願するが、これが本当の苦しい時の神頼みの言葉通りであるが、あらゆる願いをかなえてくださるのが聖天であれば、こうした受験生もきっと受け付けてくださるにちがいない。ということはインドにおいては知恵・学問の神とされ、数学、天文学、哲学などの学問の書の冒頭には日本語でいうと「南無ガネーシャ様」という語から始まるということを聞いたことがあるから、聖天に合格祈願すればきっとかなえてくださるであろう。

聖天と鼠

《鼠に乗る聖天か鼠を踏む聖天か》

象頭人身双身の場合は別であるが、単身の場合には往々にうずくまった鼠の上に聖天は乗っている。動物学的にみても陸上動物として象は最大のもの、鼠は最小に近いものである。象に鼠が乗るのではなく、鼠に象が乗るというこの珍妙な組み合わせはどうしてつくられたものであろうか。ただし日本の聖天像では鼠に乗っていない。

南方熊楠の『十二支考』の鼠に関する民俗と信念の中に、

ボンベイの俗伝にガネサその乗るところの鼠の背から落ち、月これを笑うて罰せられたということとあり。（クルック一巻　一一三頁）

とあり、また、

グベルナチス伯の『動物譚原（ゾーロジカル・ミソロジー）』二の六八頁を見るに、ガネサは足で鼠を踏み潰すとある。

とあって、インド・ネパールにおいては誐尼沙（日本の聖天）は鼠に乗っているごとく描かれているから、鼠上の誐尼沙は古くよりの伝承であろうが、なぜこの不釣合いな矮小の動物に乗るか、それについての説明はない。

グベルナチス伯のいう「ガネサは足で鼠を踏み潰す」と観察したが、インド・ネパールなどにおける毘那夜加（誐尼沙）像は確かに乗物として乗っている形でなく、うずくまっている鼠の上に踊る形で片足で踏んでいるのであるから踏み潰すという形容があてはまる。

日本の稲荷神もしくは荼吉尼天が狐の背にあり、普賢菩薩が象の背にあり、文殊菩薩が獅子の背上にあり、大自在天、伊舎那天、風天、大威徳明王が牛の背上にあり、孔雀明王が孔雀の背上にあり、などというのは確かに鳥獣を乗物としているポーズであることは明瞭であるが、この毘那夜迦像は鼠に乗る姿とは思えない。しかし、毘那夜迦の一名にはアークラタ（Ākhuratha）といわれ、これは鼠に乗るものの意となっている。

これについて、H・ジンメルは "Myths and Symbols in Indian art and Civilzaion" 七〇頁に、

ガネーシャは森の中をゆく象のように障害を通り抜けて前進するが、鼠もまた障害の克服者であり、それだけで、たとえ肉体的に調和しなくとも、象頭の巨大な太鼓腹をした神のための台になるのに適切である。象は灌木を踏みしだきながら、木を折り曲げ、根こぎにしながら荒野の中を行き、川や湖をたやすく渡る。鼠は閂で締められた穀物倉に近づくことができる。両者は道にあるどんな障害をも滅すことのできるこの神の力を現わしている。（佐藤任著『密教の神々』中の聖天の項に引用されている）

として鼠も障害を排除して進む力あるものであるから神の力をあらわすものとして誐尼沙とともに表現されているごとくに説いたことに対して疑問をもち、D・チャットーパーディヤーヤは、

巨大な神が小さな鼠を乗物（ヴァーハナ）として用いることは、乗物の公平な選択であるとは考えられない。

ともしている。という疑問は当然で、これは南方熊楠氏が引用したグベルナチス伯の「ガネサは足で鼠を踏み潰す」と見る方が穏当のようである。そうすれば佐藤任氏が前記の書に引用したチャットーパーディヤーヤの、

神々は自分自身の乗物を選択する自由を持っていなかった。それは征服された種族また氏族の象徴の性質によって指定された。すなわち象族は鼠族に対してその勝利を達成して、象族のトーテムは神となり、一方鼠族のトーテムはまさにその懲役に服務した（ローカーヤク一四二―三頁）。

と記しているのに注目すると、ガネーシャが小さい鼠の上に踊る姿で表現されているのは、象をトーテムとする種族が、鼠をトーテムとする種族を征服した勝利の姿をあらわしたものとみることができるし、踏み潰しているという見方もうなずくことができる。

そして『チャーンドーギヤ・ウパニシャッド』にイビヤグラーマ（Ibhya-grama）とあるのはイビヤ（Ibhya）は象の子孫を意味するとして、象族の子孫の村という意味とし、マータン

マンダラに描かれたガネーシャ（ネパール）

ガ（Mātaṅga）王朝のマータンガは象を意味するなどの例をあげ、インド南部のマラバル海岸地方のムーシカ（Mūṣka）と称される住民は鼠を意味するとしている。そして『ローカーヤタ』を引用して、

消滅させられたムーシカ族の物語は、カリンガのカラヴェーラ王の有名なハスィグハムハ（象窟）の碑文のなかに見出される。この碑文は紀元前一六〇年に年代付けられている。……碑文の第四行目にムーシカ族をほろぼしたカラヴェーラ王に関する言及がある。ジャヤスワルの訳によれば、「（彼は）ムーシカの首府を破壊する」と読める……

とあって、象族に鼠族が滅された伝承から鼠を踏むガネーシャがそれを暗示しているように思える。

いずれにしても、こうした伝承はイソド・ネパールだけのものらしく、中国および日本においては鼠を足許に置く聖天は見られず、鼠は大黒天（マハーカーラ）の眷属となっている。鼠が跋扈して寺院などでは経文を食い破ることに対して猫を飼うようになったことなどから、鼠は害獣である反面に、その繁殖力の旺盛さ、生産を意味する福徳的見方がなされているので、聖天が人々に幸福をあたえるということから、インド神話のガネーシャと鼠の関係はそのまま随獣として認められ、信仰形態によっては鼠が尊重され、やがて聖天の乗物とまで思われるようになってくる。

マンダラに描かれたガネーシャ（ネパール）

十一面観音の性別

《聖天を仏法に帰依させた十一面観音とは男性か女性か》

毘那夜迦の狂暴障害を鎮静させ仏法に帰依させるようにしたとされる十一面観音は女性の役を果たしたのであるから、この観音は女体であるかという問題もある。

これは古くよりいろいろと論議されてきたことであるが、男性であるという説と、女性であるという説、そして男女の能力を超えた超性が真の姿であるとする三つの説がある。

男性であるとする説は観音の原名が梵語でアヴァローキテーシュヴァラ（Avalokitesvara）あるいはアヴァローキタスヴァラ、漢字に当てて阿縛盧枳低湿伐羅・阿婆蘆吉低舎婆羅で、これは男性名詞であるそうであり、また女性に見紛うほどの優しい尊容でも髭を生やしていることによって男性神と見るし、後藤大用氏は「原語学的解釈と教理史上からの研究とから、観音の原始的本相は男性神格であろうというとともに、しかし同時に観音のもつ母性愛的要素の抜き難い点から、これを後世におけるヒンドゥー教の女神デーヴィー（Devi）の諸要素が入ったのであろうとしている。

また一方、梵語でのアヴァローキテーシュヴァラは女性の名であり、これをマラティー

水瓶と蓮華を持つ毘倶胝菩薩

(Malati) ともいい、それは蕾とか花、処女を意味するとし、佐藤任氏はH・ジンメルの説をあげ、観音が女性の特徴のあることを指摘している。

確かに観音は絵画にしろ彫刻にしろ、慈母観音のごとく豊かな乳房のある特殊なものを除いても、その姿には逞しい男性的感覚はなく、ほとんどが優美な線で構成される女性形であり、結髪も宝飾も女性に見られるのが多い。

そして仏教の中でも最も慈悲深いことは慈母のごとき印象をうけるイメージが強く、万物の母とした受け入れ方のほうが馴染み深い。

これは観音の功徳からくるものであろうが、観音はさまざまに変化する能力からくるものであろうが、慈顔溢れるばかりの面差しで救済してもらうほうが有難味が強く、人をして慈母を慕うがごとき気持にさせてもらうほうがすがりやすいから、女性形がふさわしいのであろう。

また観音の別名パドマパーニ (Padmapāṇi) は蓮華を持つことを意味し、女性形のパドマパーニー (Padmapāṇī) も同じ意味があり、観音は多くの場合蓮華を手にしているが、蓮華は女性の特徴であるヨーニ (yoni) でもある。このほか観音を女性形に想わしめる点はいくつもあるが、変化自在で人を救済してくれる観音を特に男性か女性かと穿鑿すること自体がおかしく感じる。

しかし、洋の東西を問わず古代から神々は (仏教においても) 必ず男性か女性か性別が明瞭

水瓶と蓮華を持つ十一面観音

であるから、観音に対しても性がいずれに属するか知りたいと思うのは人情である。

そこでその折衷説として観音は偉大なる神性の存在であるから男性でもなければ女性でもなく「超性」であると説くものもある。

つまり観音は大慈大悲の心をもって人を救済し教化するが、そのときに応じて、いずれか適切な性の姿をもってあらわれるのであるとする。生物が男女雌雄いずれかの二種であるが、観音の存在はその上であるから、男女いずれでもなく、またいずれにも変化できるというのであるが、そうなると如来よりさらに上の存在ということになる。如来も男性か女性か甚だ曖昧であるが少なくとも男性と見る向きが多いであろう。

《観音は三十三応現身》

観音は三十三応現身といって、諸の苦悩に悩む一切衆生を救済する応現身であるから、性を超越し、ときに応じて男性にも女性にもなる特殊の性であるが、言い換えれば中性とか変成男（女）子ということになる。

ただしこれは変成男（女）子のごとくに両性器具有して後に男女いずれかに変化するのではなく、おそらく両性器具有することなくして、必要に応じて男性か女性かの特徴を示すものであるとみるべきであろう。

故に毘那夜迦の狂暴障害を封じるために十一面観音が女毘那夜迦となって、これと交わり善神に立ちかえらせたのも、十一面観音が女性であったからではなく、応変して女毘那夜迦になったのにすぎないのであろう。

経典に変成男子のことが述べられるのは、女性の身体は穢れているから仏の教えをうける資格がないとか、女性には五つの障りがあるから成仏できないとすることが述べられている。故に女性が成仏するためには男性にならねばならず、これが性の転換であるが、『法華経』の中の「提婆達多品」にはこの例が述べられている。サーガラ龍王の娘が悟りを求めるために、願って女陰を消して男陰に変化させ、悟りの求道者になったことが記してある。観世音菩薩もそうした点からも女性の表現でありながら男性に変じたごとく髭を描くのであろう。

《ヒンドゥー教における女神の性力》

インドの古代宗教ではほとんど女性を男性より偉大なものとし、女神が多いが、仏教になってなぜ女性を罪深いものとする思想を生じたのか。

これはおそらく母家長制が父家長制に代わったことによるのでもあろうし、仏教が興隆したときに在来の神々を仏教に従属させる手段のために在来の神々に女性神が主であったため、女性をことさらに罪深いものとしたためであろう。

そしてその最も主とするところは女性のもつ魅力によって男性が迷わされることを恐れたからであろう。仏教を認識し、理解して実践していくうえには女性の魅力は魔障であったのである。そうしたところから女性は汚れたものとし、成仏できぬ身としたので、これは仏法を弘めるための偏見である。

こうした偏見の潜在するところに観音を男性観とする根底があり、この偏見をカバーするために超性説も生まれる。

釈迦も男性であることはほとんどの人が認めるところであるから、観音だけが中性的にもとれる「超性」では疑問に対する逃避としか思えないと考える人も多い。

だいたい世界中の原始宗教（宗教のはじまりでもよいが、誤解を招くおそれがある）は生産、増殖、繁栄と天地自然の災害と人為的災害を恐れて平安をのぞむことから始まる。生産、増殖は食糧確保につながるが、まず人間同志の性のいとなみを重要視し、日本においても『記紀』のはじめに生殖が出てくる。

古代インドにおいては、それより宗教哲学的に女性性力と男性性力の結合を重視し、ヒンドゥー教では現在でも宇宙の活動原理を女性にあるとし、男性はこれをうけて一体となり、活動するとし、これを神のシャクティとし、シャクティは女性であるとする。世界中に見られる地母神信仰も共通した考え方からであろう。

この点から考えると仏教の男尊女卑的思想の根元は、女性のシャクティの威大さに対しての恐れも多分に潜在している。

武力では敵する者がないほどの障礙神毘那夜迦も、十一面観音が女毘那夜迦に変身して女性としての役を果たして慰められたので、毘那夜迦も女性からあたえられた快楽のためには障害力を行使することを止めて、仏教に帰依して善神になったのであるから女性の性の力がいかに偉大であるかを示している。これを仏典が説いているのであるからおかしな話で、一方では女性を不浄視して成仏できないものとしながら、一方では女性の最も威力あるシャクティの根元であるヨーニを行使して悪神を善神に立ち返らせるという行為を説いている。仏教が女性を不浄視する点はそのヨーニにあるが、その不浄視する所のものを用いて善神にするというのは奇異である。

これは本来ヨーニは決して不浄のものでなく偉大な力をもっていることを否定し得ないからで、観音のヨーニであるから不浄でないという意味ではないであろう。超性であればもっと別の方法で毘那夜迦を教化できるはずであるが、毘那夜迦女と化したということは観音が女性、あるいは女性的要素の方が多いからであろうし、ヒンドゥー教のいう女性の偉大なシャクティを仏教も認めていたことを物語るものである。

そうした古代インドの女性神でも猛悪な者もあり、たとえばシヴァ神の妻カーリー（黒色女神）は淫女神ともいわれるが、その猛悪さを封じるために仏教神、なかでも観音菩薩が男性となって、その淫欲猛悪を封じたという寓話はない。つまり男性より女性の方が教化力があるということである。

日本における仏教説話でも吉祥天女や弁才天の艶容に魅せられて夢で交わった男の話はあ

るが、仏像に恋した女が夢で交わった話は聞かない。つまり女性のほうが男性より抱擁力や許容力があることを示すもので、それを仏尊としてあらわすときには女性相とした方がふさわしいからであろう。

そうした面からも馬頭観音などの特殊のものは除いて、ほとんどが結髪は女性形で衣装も女性的にあらわし、蓮華とか水瓶などを持つことで女性の陰相を暗示しているものが多い。

超性であるにしても応変の化現は女性的優美さで、決して明王形や蔵王権現のような忿怒相としてはあらわれない。

また世俗に形容される「観音様のように優しい」という言葉は、男性に対してではなく女性対象にあてはめられる言葉で、画像、造像からうける大衆の印象は女性視されていることであり、それは観音像を描いたり造像した者の心の底に描いている理想の観音像が美しく慈母のごとき姿を渇仰していたからで、さりとて慈父のごとき理想の姿も抹殺できぬままに女性とも男性ともつかぬ表現、それでいて女性的要素を多分に示した形になったのではあるまいか。その中間的存在の表現がときには女性として化現し、ときには男性的霊現を示すことができる一番よい方法なのである。

両性具有神

《シヴァとパールヴァティーが合体した一体神》

インド神話に次のような物語がある。

シヴァ神とその妻パールヴァティーはきわめて貧しかったが、二人は仲睦まじかった。互いに愛し合い心許した仲であるために、人間一般家庭でよくあるように、つまらないことでも口喧嘩したりすることもあった。シヴァは一家を養うために、毎日の食料を得るために行乞（ぎょうこつ）をして歩かねばならなかったが、ある日どうした加減かシヴァの鉢にはわずかしか食料が得られぬまま、家族がひもじい思いをしていると思ってそれ以上の托鉢をあきらめて家に戻って来た。ところが家には息子の大食いのガネーシャ（毘那夜迦）と、腹空（はらへ）らしのカールツティケーヤが待っていて、シヴァの持って帰った鉢の中の食物をガツガツと食べてしまい、わずかに残ったものはガネーシャの鼠と、カールツティケーヤの孔雀が食べてしまったので、シヴァとパールヴァティーは一粒の穀物すら口に入れることができなかったので、おとなしいパールヴァティーもさすがに不満であった。こうしたときにシヴァは男性であるから、妻に優しい慰めの言葉の一つもかけてやるか、何とかまた食料を得る工夫をすればよかったのであるが、あいにくガンジャの薬を飲んでいたので自分はさほど空腹を感じなかったばかりか薬が利いて麻酔状態のまま眠ってしまった。

パールヴァティーは空腹のまま夜を迎え、夫の熟睡のつれなさに悲観してしまった。シヴァはその揚句、翌朝おそく目を覚まし、その様子では行乞に行きそうもないと見てとったパールヴァティーはたまりかねて不平を並べ立てた。そして言葉のはずみで「もうこのような男とは将来一緒に暮らしていけない」と愚痴った。シヴァも悪いとは思ったが、日頃仲がよいだけに気兼ねのない買言葉で「お前がそう思うのなら仕方がない。今のおれが、お前にやってあげられることとしては、お前の望んでいるようにおれと別れることだ。不甲斐ない夫と思って一緒に暮らせないのであろうから別れてやるよ。出て行きなさい」といってしまった。こうした喧嘩はよくあることであるが、インド古代の三主神の家庭にこんな人間臭い感情があることは親しみを感じる。しかし当面の二人としてはもう行きがかり上意地になるだけで、パールヴァティーも「子供はわたしが引き取ります」といってガネーシャと鼠、カールツティケーヤと孔雀を連れて出て行ってしまった。最愛の妻に去られたシヴァは後悔したがもうおそい。さりとて頭を下げたり、連れ戻そうとすることは男いや神の威厳にかかわる。しかし数日過ぎると矢も楯もたまらなくなってきた。パールヴァティーを心から愛していた夫であり、たまたまつまらぬ口先の意地からこうなってしまったのでこれも後悔したが、いまさら頭を下げられない。これを知った聖仙たちは何とか仲裁に立とうとしたが、しばらくこらしめのために見て見ぬ振りをしていた。しかしシヴァもパールヴァティーも互いに相手を想う気持が激しいのでついに見兼ねて、仲裁に乗り出した。離れたことにより二人の愛の気持はいやが上にも募り、合うやいなや二人はいきなり抱きつき嬉しさに燃え立ったので、傍の聖仙たちも当てられて当惑するばかりであった。二人がやっと自覚して離れようとしたところ、どうしたことか二人の身体は離れない。あまりの嬉しさに力一杯抱き合ったので二人の身体は一つにくっついてしまって一体神になってしまった。これがインドのシヴァを祀る寺院に見られるアルダナーリーシュヴァラ（Ardhanārīśvara）と呼ばれる一体神であるという。

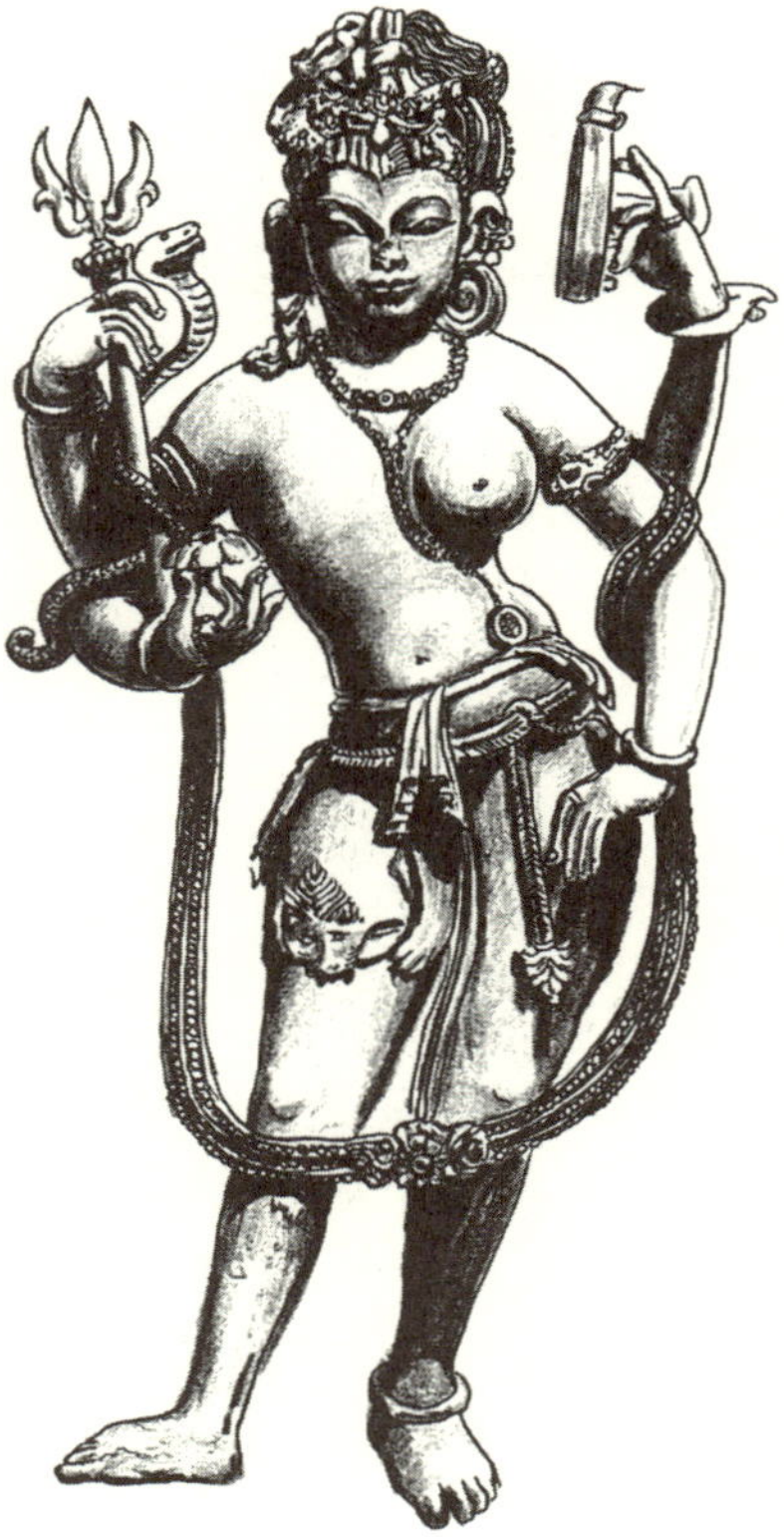

アルダナーリーシュヴァラ（インド　石彫）

この神は一頭一胴二臂二足であるが、正確に左半身はパールヴァティーで、右半分はシヴァである。顔半分は美男子で半分は美女、胴の片側にパールヴァティーの豊かな乳房が一つあるが、片側は男性的胸となっている。

これは世界中の神々で最も変わった姿の神であるが、諸々の人間的要素を示す物語としてインド神話の中では親しみ深い伝説である。

この両性具有のシヴァの話はまた別に次の物語にもなっている。

アルダナーリーシュヴァラ（インド）
〈ニューデリー国立博館蔵〉

シヴァとパールヴァティーがカイラーサ山の頂に坐っているときに、神々や聖仙たちが二人に敬意を表するために集まって来、二人のまわりを巡りながら拝礼した。しかしその中のブリンギイ聖者はシヴァ神のみを信仰する誓いを立てていたので、パールヴァティーには礼拝をしなかった。そこでパールヴァティーは怒ってブリンギイ聖者の血肉が失せて骨だけになるように呪いをかけた。そのためにブリンギイ聖者は立っていられなくなったので、シヴァが気の毒に思ってブリンギイ聖者に突かい棒として第三の足をあたえて立てるようにしてやった。ブリンギイ聖者は喜んで踊りながらシヴァを讃美した。パールヴァティーはその行為が失敗したのを恥じてシヴァの愛情を得るために苦行をした。シヴァはパールヴァティーの苦業を見て、その心根に免じてミトウナを許したので、パールヴァティーは喜んでシヴァに合体したので一体となってしまった。そのためにブリンギイ聖者はシヴァのまわりを巡ってシヴァだけを礼拝することができなくなり、パールヴァティーをも礼拝する結果となったというのである。

このほかにも両性具有のシヴァの伝承はあるが、これが男性の能力も女性の能力をももつことを理想とした神の姿であろう。この場合には中性でもなく、超性でもない、何と名付けたらよいか不明の肉体であるが、身体の中央で男女に岐かれているために、シヴァの表徴であるリンガもパールヴァティーの表徴であるヨーニもあらわされていないから正確には両性具有ではなく、姿態上からの両性具有であるが、ヒンドゥー教としては綺麗な表現である。

つまりこれは女性原理と男性原理の結合合一で完璧をあらわしたものであるが、これとは異なるが密教の観音もこれに帰するものではあるまいか。

ショウペンハウエルの恋愛哲学に、「人間はもと男女一体であった。それを神が二つに分けたので男女二形となったので、この世には必ず自分の片方の体が存在する。その片身を求め合うのが恋愛衝動である」というのと反対であり、反対原理はインド哲学では一に帰するからアルダナーリーシュヴァラと同じである。

シヴァとパールヴァティー

インドの特にヒンドゥー教では、古代神話の中で三大主神はブラフマー、ヴィシュヌ、シヴァで、これがインドの宇宙観の中に活躍する主要な存在である。

ブラフマー（Brahman）は仏教では大梵天として取り上げられ、ヴィシュヌ（Viṣṇu）は毘紐天、シヴァ（Siva）は魔醯首羅天（Maheśvara）といい大自在天として同化している。

この三主神を主体とした宇宙観やインド古代宗教についてはここで述べきれないし、本書の目的でもないから、こうしたことはここでは触れないとして、聖天すなわちインドにおける毘那夜迦の親に当たるシヴァ神と、その妃パールヴァティーについて述べておきたい。

《シヴァ神の性格》

シヴァは『リグ・ヴェーダ』などのほか古代インドの神話にすこぶる多く登場する神で、ルドラ（Rudra）をはじめ多くの異名をもち、千以上の名があるとしている。

そしてその性格は破壊の神として恐れられるが、破壊のあとに生じるもろもろの障害や病気を救う神として親しまれていることは、その子とされる聖天とよく似ている。

この破壊の恐ろしさとは、おそらく毎年インドを襲うモンスーン（季節風による暴風雨、台風）の猛威と、それによって生じる洪水の凄惨さをあらわしたものであろうし、そうした台風一過のあとの万物蘇生のよろこびと、土地の豊穰による恵みをシヴァにかたどったものである。仏教では前に述べたごとく大自在天として仏教の護法神とし、白牛に乗り青色で三面四臂、また八臂三目、十八臂三目に表現されたり、惹野天王などともいわれる。

また忿怒身として伊舎那天（Iśāna）としても表現されている。この天も青色赤髪で牛に乗り、三目二臂である。伊舎那天も風の威力の神格化で季節風の恐ろしさを意味するが、この破壊力を意味するシヴァはほとんどリンガによって代表される。

ヒンドゥー教の寺院、特にシヴァ派ではシヴァはリンガで象徴されて、それを本尊とされるのは日本の民俗的信仰の対象たる金精神によく似ている。

シヴァがリンガであることは叙事詩時代の『マハーバーラタ』にシヴァ信仰と生殖器崇拝

が結び付いたといわれ、これには神々や聖者たちすらシヴァ・リンガを崇拝していたことが見られる。そしてシヴァがリンガであることを物語る話はインド神話や叙事詩に数多くあり、巨大なリンガとしてしばしばあらわれる。

《シヴァ神の妻たち》

リンガがある以上当然相対的にヨーニの存在は必要である。

ヨーニはシヴァの妃に当てられ、その妃の代表的な神はパールヴァティーであるが、妃も柔和で優しい女神と、忿怒相で荒々しく凶悪性の女神と二つの性格をもつために多くの女神として登場する。

これはシヴァの妻を尊信する地方により、また伝承する神話によってその性格と威力がそれぞれ異なり、数多くの女神の名によってあらわされる。

これを大別するとデーヴィー（Devi）とカーリー（Kari）に分けられ、前者は優しい女神、後者は恐ろしい荒々しい女神となるが、この二面性は本来すべての女性が有している性格であろう。

デーヴィーは一般にマハデーヴィーと呼ばれ偉大な女神の意であり、崇高さから処女神にも見られ、カンヤー（Kamayā）とかカンヤー・マーリー（Kamyā Kumāri）と呼ばれている。処女でありながらリンガに見立てられたシヴァの妻であることはおかしいが、妻以前に処女を守っていた清浄の女性、つまり婚前に肉体を許さなかった心操正しい女性の意であろう。

そしてこのデーヴィーの優しい相によっていろいろの伝承がつくられたときの名をあげると、

パールヴァティー　山の住人
ハイマヴァティー　山の住人
ガウリー　山の住人・山の娘・ヒマラヤ山の女

などで、山の雪を戴いた清浄さからきているもので、静けく瓏麗さから形容されたもので野蛮な山人の意ではあるまい。また観音の慈光にも満ちた意で、

ウマー　光明
パウアーニー　心の優しい女
ジャガン・マーター　世界の母

その他グヒエーシュヴァリーなどと呼ばれている。シヴァ神をはじめとするインドの神々がだいたい仏教上では護法神に取り込まれているのに、ジャガン・マーターがなぜ観世音菩薩に変身しないか一寸不審である。一方シャクティの猛烈さから女性の恐るべき威力を荒神的に見立てたときには、恐ろしい忿怒想であらわされ、恐い女神として伝承される。

ドウルガー（突伽女）　ヨーニをあらわし、近付き難いもの
カーリー（迦利・迦哩）　黒い女、黒色、ヨーニの意

シュヤーマー　黒い女、黒色、ヨーニの意
チャンディー　恐ろしいもの
パイラヴィー　恐ろしいもの
チャームンダ（遮文茶）　恐い女

などがあげられる。黒い女とは黒色の皮膚を持った民族的なものによるのであろうが、黒やヨーニに結び付けられるのは黒い陰毛に覆われたヨーニを意味する。性的知識のない幼児がはじめて母親のヨーニを偶然見たときの恐怖はこれに共通し、性（セックス）に魅せられてからもその恐るべき魅力は往々にして人生を誤まらせる恐いモノである。ドウルガーは猛烈女性型でこれはヨーニに秘められたシャクティの威力と、男性側からの願望と渇仰が神格化されたものである。

ドウルガーはネパールあたりでは五面十二臂赤身で、優しい面も持っているが、血を好む恐ろしい相になっているのはヨーニを連想せしめる。首に生首の数珠をかけ髑髏盃を持ち、剣や棒・弓矢を持ち、カーリーの協力を得て、魔神シュムバとニシュムバ兄弟を滅ぼす神話があるが、シヴァ・シャクティの源である。

そしてそれをさらに醜悪に表現したのがカーリー女神である。

カーリーは黒色四臂で髪を乱し、仰臥するシヴァの胸上に踊る姿で表現されるが、目を異様に光らせ、大きい赤い口をあけて長い舌をあらわし、これも髑髏あるいは生首の瓔珞を付け、腰に斬り取った人の手を多くつけて腰蓑のごとくにし、一臂は剣もしくは鋏、一臂はブラフマー（梵天）の生首を持ち（または蓮華）、一臂は何か求めるように開き、または髑髏盃を持っている恐ろしい像である。真赤な口はヨーニであろうし、長い舌は歓喜の絶頂に勃起した陰核であろうが、これを地水火風空行真をしめす七火舌（Sapta）であるとする。振り乱した髪は陰毛である。髑髏瓔珞は、人体の中で重要な部分の頭で神聖なもの、髑髏盃は霊的のもので血をたたえたのは経血でソーマ酒としてシャクティ力を増す飲料、剣は破壊力であるとともに、破邪を含めて歓喜に集中するために雑念煩悩を断つものである。シヴァ神の胸上で踊るのはシヴァ神の死をこうした烈しいシャクティ力によって蘇らせる意であり、また眠るシヴァに烈しいシャクティの理想の形を夢見させる寓意像にも見える。

シヴァは烈しい破壊神であるとともに、その後の再生神でもあるから、その烈しさと、再生のパワーであるシャクティをカーリーがあたえる姿として、これも妻としてふさわしい姿なのであろう。このシヴァの投影とも見られる大黒天（摩訶迦羅天　Mahākāla）もカーリーを妻としているから同神らしく、性格も共通する。

カーリーをヨーニのあらわれとしたときに、それはヨーニの醜怪さと、ヨーニを理解した上での優しく美しく見えるのがパールヴァティーの姿であろう。ヨーニの形に似た蘭花はかぐわしくも美しく見えるのと同じである。

インドにおいては蘭花よりも蓮花をヨーニに見立てるからパールヴァティーは蓮花に当た

るであろうが、かかる優しい女神を、なぜ前に述べたごとく観世音菩薩に比定しないのであろうか。カーリーの変身でもあるチャームンダすら遮文荼として夜叉に表現されながらも胎蔵界・金剛界両曼荼羅には表現されている。

《シヴァ〈リンガ〉とパールヴァティー〈ヨーニ〉の結婚寓話》

シヴァ神と性交（ミトウナ）する像の代表的なのはパールヴァティーであって、ヒンドゥー教では五面十二臂三目でシヴァ神にしっかり抱きつき、またパールヴァティーの別名ウマーも往々にしてシヴァに抱きつき、シヴァ・シャクティの表現とされている。

シヴァとパールヴァティーと結婚（婚はまぐわい・性交をいう。結婚は性交を結ぶ意からきている。つまり人々に性交を認知されること）の寓話はすこぶる多い。

リンガ（シヴァ）とヨーニ（パールヴァティー）の結合（結婚）については『シヴァ・プラーナ』に次のごとく記されている。

あるときシヴァが裸で仙人達の前にあらわれたので、仙人はシヴァとは気が付かずに不愉快に思って「リンガ落ちろ」と呪った。そのためにシヴァのリンガは忽ち地上に落ちて走り回り手当たり次第に逢うものを焼いたので人々は困って、シヴァの妻のパールヴァティーのヨーニをリンガの台としたのでリンガが鎮まった。

というのは、インド寺院によく見られる、リンガ状の石棒がヨーニ状の石皿に乗っている形のもとになる話であり、また『ヴァラーハ・プラーナ』には、シヴァは老人の婆羅門僧の姿に変身して、苦行しているパールヴァティーの所に行き、空腹で堪まらないからと食物のほどこしを求めた。これはパールヴァティーを試すためであったが、心の優しいパールヴァティーはこの婆羅門僧の申出をこころよく受けて、食を与えるから体を清めていらっしゃいといった。シヴァの婆羅門僧は川に行って沐浴するときに、わざと鰐に捕って、助けの叫びを上げた。これを知ったパールヴァティーは河岸に走って来たが婆羅門僧に手を伸して助けてやることができなかった。それはシヴァ以外の者に決して触れないと誓いを立てていたからである。しかし誓いを守っていたのではその僧を助けることはできない。そこで悩んだ揚句僧の生命にはかえられないので彼女は手を伸して僧を摑んで河から助けあげた。シヴァはパールヴァティーの優しい心根を知って婆羅門僧からシヴァの姿に戻ったのでパールヴァティーも他人に触れたのではないことを嬉しく思い二人は結婚した。

というのである。この一事だけでもパールヴァティーは観世音菩薩のごとき優しい心根の女神であることがわかる。

またネパールの女神グヒエーシュヴァリーは、インドのパールヴァティーのことであるが、秘密の女王の意で、これは女性に備わった秘密の部分、つまり女性器官のことであるからヨーニをいう。伝承では、グヒエーシュヴァリーはあるとき先祖の供養祭を行ったが、シヴァ神の父ダクシヤが汚ならしい苦行僧の姿であらわれたのをシヴァが怒ったので、グヒエーシュヴァリーはそれを歎いて自殺してしまった。その屍体を火葬することにして薪をグヒエーシュヴァリーの上に積んで火をつけたが、シヴァは火葬してしまうと屍体がなくなってしまうのを悲しんで、火中から引き出し、これを背負ってヒマラヤ山の中央のマナサロヴァール（Manasarovar）湖の畔に聳えるカイラーサ（Kailaśa）山に葬ろうとして出発した。しかしグヒエーシュヴァリーの屍体はしだいに腐爛していき少しずつ剝離して地上に落ちていった。このグヒエーシュヴァリーの肉片の落ちた所がネパールにおける聖地巡礼街道の原形であるといわれており、最後に落ちたヨーニの所に寺が建てられたという。

このようにシヴァの対象はヨーニであり、ヨーニはさまざまな女性神としてあらわされる。ヨーニをデーヴィーともいうが、これもシヴァの妻の名であることは前にも述べたとおりであるが、インド・ネパールの密教にミトウナ像が多いのはすべてが陰陽合の哲学から成り立っているからであろう。

《シヴァ神と聖天のつながり》

そしてその女神の代表名のパールヴァティーとシヴァの間に生まれたのが聖天（Nandikeśvara）と韋駄天（Skanda）とされている。韋駄天については、二神の間にどうやって生まれたか伝承がないが、聖天のほうは、二神が象の体位でミトウナしたので象頭人身が生まれたとする以外に、異例としてパールヴァティーが勝手に自分の身体の一部の不浄物を油で練ってつくったという話がある。これでは父無し子である。

日本・中国を除いて、仏教・ヒンドゥー教圏ではシヴァとパールヴァティーのミトウナ像が広く祀られているのであるから、父無し子であることは考えられないとともに、シヴァと聖天はあまりにも性格が似ているから、この親子関係は揺るぎないものであろう。

こうしたシヴァとパールヴァティーの信仰はインドにおいては赤裸々なミトウナ像あるいは抱擁像で表現されているが、聖天が抱擁像であるのも、親子血筋を否定し得ない。ただし日本の聖天の場合には、インド・ネパールなどのヒンドゥー教信者が見たら表現不充分と思われるほど非写実的で、神仏の尊格を重んじた上でのデフォルメとは理解し得ないであろう。

この生殖行為はインド哲学的解釈だけでなく、これは世界の人類の共通する思想の根底にあるもので、陰陽合体として表現される。

シヴァのリンガと、パールヴァティーのヨーニが縦と横の線で構成されるごとく世界的に見られるデザインの基本たる十の字の形はこれを示している。

つまり縦の線はシヴァ・リンガのごとく陽根、横の線はパールヴァティー・ヨーニのごとく女陰で、この組み合わせが十の字で、キリスト教の十字架も、十字架以前の拝火教にも用いられ、世界の古代民族に用いられた原始的、陰陽象徴の図案の基本である。寺の卍もこれに起源が求められ、「ガンマタ」はその先端が東西南北の四角に収まるよう直角に曲げられたものである。つまり十の尻曲りは七であり、卍の一片は鎌であり、卍は雷紋にも共通する。雷は天の電気と地の電気の結び付きで起こるとされるから、これも陰陽合である。

猪頭の女毘那夜迦

双身抱擁の聖天像に女毘那夜迦像が、男毘那夜迦像のごとく象頭人身でなく猪頭人身のものがある。これについて中村元氏監修の『新仏教辞典』（増補）の歓喜天の項に、「夫天は象頭、婦天は猪頭もある」と記されてある。これは『大聖歓喜天使咒法経』に、

一を猪頭と為し一を象頭となし、二身各々目細し

とあって、女毘那夜迦は猪頭のものも稀にあるようであるが、なぜ猪頭であるかについては不明である。

猪頭である女毘那夜迦も、もちろん十一面観音の化身であろうが、象と猪とミトウナを行うというのは、形の大小を超越した宗教界であってもいささか不自然である。

《ヴィシュヌとブラフマーの化身》

インドにおいては猪も一応は聖獣視されており、インド神話には猪の物語が多く出てくる。『リグ・ヴェーダ』にはインドラとヴィシュヌが野猪を殺した話があり、またヴィシュヌの化身ともされている。

また野猪は魔神の財宝を守る役をつとめているとも考えられ、このほか『シャタパラ・ブラーフマナ』にはエームシャという黒毛の野猪が大地を持ち上げて大地を救ったともし、ときにはブラフマーの化身であったりする。

古代インドの三主神のヴィシュヌ、ブラフマー、シヴァのうち、二神が猪の化身であったり、ブラフマーに協力したりすることは、猪の存在と、その威力の重要性が高く評価されていることである。

女猪天と交わる聖天

『ヴィシュヌ・プラーナ』には、宇宙創造のときにプラジャパティの主であるブラフマーは世界の万物を創造したが、翌朝、目がさめ

野猪に化身したヴィシュヌ神
（インド　石像）

てみると万物はすべて消え去っていた。それは世界が海であるために、すべてが海に帰したのであり、住むべき大地すらその海の中に沈んでしまったからで、これを知ったブラフマーは、ヴェーダと祭祀によって創られたところの野猪の姿となって、自ら海中に入って、沈んだ大地を持ち上げようとした。その努力にうたれた大女神パーターラは、ブラフマーの前にひれ伏して讃歌をうたったので、ブラフマーはこれに力を得て牙で沈んだ大地を徐々に持ち上げて水面に出した。水面からあらわれた大地はそこでしだいに大きく広がってもう沈むことがなくなった。これが我々の住む陸地であるというのであるが、インドの寺院の石彫の中に野猪が大地を持ちあげている場面があるが、その猪頭人身の姿がブラフマーなのである。

こうした神話から考えれば、象頭人身に抱きつく猪頭人身の女毘那夜迦はブラフマーの化身であるかも知れないが、それでは密教で説く十一面観音の出場（でば）がなくなる。

《猪冠を戴く木曜星》

猪冠を戴き、または猪頭人身、猪に乗る天部ら、猪を表徴とするものは密教には多い。この中で象を従わせる力のあるものとして木曜星がある。国訳秘密儀軌編纂局発行の『新纂仏像図鑑』の天等篇（七曜）の項八三頁に、

木星、是れ歳星にして宿曜経直を序ふる品に曰く「木の精を歳星と曰ふ。歳星の直日は命を策し王に使るに宜し。及び善智識を求め、並びに学問し、礼拝し、福を修し、布施し、嫁娶し、諸の吉事を作し、謁を請ひ及び交を結び、宅に入り、新衣を著し、髪を沐し、果実を種え、象馬を調伏し、奴碑を買ふ並びに吉なり。若し凶事を為すときは則ち大に凶なり。若し人、此の日に生るる者は、法として貴重栄禄に合す。若し五月五日に此の曜を得れば歳中豊熟す。若し虧蝕し地動することあれば、則ち公王必ず死す」と。又占を説て曰く「歳星の直日。其の日冊命に宜し。及び善知識を求め、並びに論議を学び、法を受け礼拝し、功徳を造り、布施し、官に謁し、親交喜楽を成し、宅に入り、新衣を著し、頭を洗ひ、宅内に果木を種え、倉庫を修し、財を内れ、馬を調へ、奴碑を買ひ、及び嫁聚し、象馬を内れ、象を造り、諸事を作す並び吉なり。誓を作すに宜しからず。賊を作せば必ず敗る。妄語し争競すれば必ず凶なり。其の日亡するものは出し埋むことを得ず。亡人を祭り死を弔ひ病を問ふに宜しからず。其の日に生きるものは人に与

へて、之を養長し成牧せしむるに宜し。長命にして智あり。心善く大人の貴重を得、父母に於て相あり。銭財積聚す。若し五月五日此の曜に遇へば、その歳万物物豊かに四時調順す。如し此月日月蝕し及び地動すれば王公以下交々厄す」と。

とある。長々と月日の吉凶合相を説くが、亥（猪）の冠を戴く木星は象馬を従わしむるによい神とみられているから、象頭毘那夜迦は猪にはかなわないものとも思える。

《猪頭人身の尊天》

また猪頭人身には三面であらわされたときに一面が猪頭の那羅延天（Nārāyaṇa）があり、三面の摩利支天（Marici）の場合も一面が猪頭となる。この那羅延天は帝釈天の配下で、カルラ鳥に乗り、アシュラと戦ったり世界中を飛び回ったりする尊天であるが、象の百倍もの力があるといわれているから、猪頭の女毘那夜迦は、象頭の男毘那夜迦に勝つための配偶であろうか。

また密教では金剛面天（金剛猪面天、猪頭天）という猪頭人身の尊天もあり、摩利支

那羅延天

遮文荼

金剛猪面天（猪頭天）

天の乗る猪は那羅延天や金剛力士の化身であるとするから、猪は象にまさる力ある表徴とみられている。また遮文荼（Cāmundā）も猪頭である。

また猪は繁殖力も強く、年に二度も出産し、一回に三頭から、多いときは十二頭も生むという多産で生殖力旺盛であるから毘那夜迦の淫欲をなだめるにはちょうどよい配偶者なのかもしれない。

また猪頭という形態上からも、象の大頭長鼻に比して、頭小形で、象鼻よりははるかに短いが比較的長い鼻筋であり、小型の牙を有するところは、象に比べたら雌的感覚に見える。象の雌雄は鼻も牙も長くて区別がつけにくいが、象の雌雄を視覚的に区別したら猪頭に見立てた雌とするのも区別がつけやすいかも知れない。

猪はヴィシュヌ、またはブラフマーの化身であり、破邪の善神であれば、十一面観音と同じく、障害をなす毘那夜迦を鎮めるために女身となって抱擁することもあり得ると思われる。

聖天の名称・異称

いままで述べてきたのが日本における聖天・歓喜天の名で呼ばれる尊天であるが、インドにおいてはいろいろの古典によってさまざまな名称によって物語・法典の中に使い分けられているから煩雑でなかなかおぼえ難い。

この多様の名はインド古代民族の複雑性と、歴史と宗教の変転によるものであるが、これらの多くの名を一応整理してみると、

○ナンディケーシュヴァラ（Nandikeśivara）　難提自在天という。これは六通自在であるから自在天の名称となったものであろう。

○ガナパティ（Ganapati）　俄那鉢底、誐娜簸底、迦那鉢底、伽那鉢底とも書かれ、『アタルヴァ・ヴェーダ』に、

汝はガナのなかのガナパティである。われらは汝に懇願する。汝はプリヤーナム（priyānām　渇愛者）のなかのプリヤパティ（priyapati　渇愛王）である。われら汝に懇願する。汝はニヂイーナム（Nidhinān　諸財宝）のなかのニディパティ（nidhipati　財宝の主）である。

と讃えている。ガナ（gana）は集団、パティ（pati）つまり集団の主のこと。

○ガネーシャ（Ganeśa）　誐尼沙と書き、ガナ（gana）とイーシャ（īśa）神を合わせたもので集団の神である。

○ヴィナーヤカ（Vināyaka）　毘那耶迦、毘奈夜迦・裨那夜迦・頻那夜迦と書き、ヴィグナ（Vighna）は破壊者、障害者の意であり、父シヴァの性格をうけたことがわかる。また障害を除く主という意味もある。『大聖歓喜双身毘那夜迦天形像品儀軌』では毘那夜迦の魔党は四種あるとして、

摧壊部　無憂大将を主とし、天人形で、天冠の上に象頭を安置している。

野干部　象頭大将を主とし、金色伽那鉢底といって象頭人身であるから、これが図や造像に見られる毘那夜迦に一番よく似ている。

○一牙部　厳髻（ごんきつ）大将を主として、天人形で天冠の上に象頭を安置している。

○龍象部　頂行大将を主とし、天人形で天冠に象頭を安置している。

これらを見ても、すべて象に関係あるから象をトーテムとする種族の神であったことが推理される。

○ヴィグナナーヤカ（Vighnanāyaka）

○ヴィグナパティ（Vighnapati）

○ヴィグナラージャ（Vighnarāja）

○ヴィグネーシャ（Vighneṣa）
○ヴィグネーシュヴァラ（Vighneśvara）
等、ヴィグナ（Vighna）はすべて破壊者・障害者の意で、障礙の王・首・神などの意をもつものである。
○ヴィグナナーシャカ（Vighnanāśaka）
ヴィグナナーシャナ（Vighnanāśana）
ヴィグナヴィナーヤカ（Vighnavināyaka）
等は逆に障害の除去者の意で特にヴィグナヴィナーヤカは、ヴィグナは障害者・破壊者でヴィナーヤカは除去・指導者の意であるから障害を取り除く者ということになる。
このほかに、
○アークラタ（Ākhuratha）という名があり鼠に乗る者・騎鼠とも呼ばれる。
○ランボータラ（Lambodara）はその形からきた名で垂れさがった腹を持てるものとか長腹の意である。
○ランバカルナ（Lambakarna）は耳からつけられたもので、長い耳もしくは長い耳を持てるものの意。
○エーカダンシュトラ（Ekadanṣṭra）は一本の歯牙を持つ者、つまり一本牙のことである。
○ドゥヴィデーハ（Dvideha）は双身・二つの体で、これは抱擁像からきたものであろう。

このように多様の名があるが、中国・日本では毘那夜迦が経文に漢訳された題名によって大聖歓喜自在天の名や、経文中の大聖歓喜尊天・歓喜自在天などから略して聖天または歓喜天と呼ぶが、難提自在天の称もある。またその形象を漢語で象鼻天といい、その威力から降魔神・常随魔などとも呼び、サンスクリット語・漢語・日本語で数多くの名称を有するが、父親に当たるシヴァの一千八つの異称にはかなわない。

第三章　日本における聖天像と祀られた寺

日本における聖天信仰

《空海の請来した聖天像》

聖天を日本で祀るようになったのは空海からと伝えられている。京都の天王山にある観音寺の聖天は、中興の開山以空上人が天和二年（一六八二）に摂津国応頂山勝尾寺の歓喜天をこの寺の鎮守として勧請奉祀したもので、以空上人の『窕誓伝』に、

此の尊像は高祖大師請来の内に、自余の天像に勝れさせたまひし生身の聖天なり。上古はしばらくこれをさしおくべし。中古、小島の上綱に直に秘印を授けたまひ（中略）予此の本尊によりて花水浴油両供養百日廿一日修行し奉り、当山に安置す。およそ勝尾寺の聖天は本朝無二の霊天なれば此故に密像たり。

と記されているから、日本で最古の聖天像であり、一番古くより聖天信仰が行われたことを示している。

『和漢三才図会』によると、

大悲山観音寺　在二山崎一真言

寛平法皇御草創　延宝九年木食以空上人再興

としてある。寛平法皇とはどういう意味かわかりにくいが、おそらく寛平九年（八九七）七月三日に禅位された宇多天皇をいう言葉であろうか。

とすれば大悲山観音寺は寛平か昌泰か延喜頃に宇多法皇（泰昌二年十月〔八九九〕落飾）によって草創された寺であるから古いが、以降衰微したのを、はるかに降った江戸時代の延宝九年（一六八一）に木食の以空上人が再興した。徳川五代将軍綱吉の時代で翌天和二年（一六八二）に、以空上人が摂津国（大阪府）応頂山勝尾寺にある聖天像を寺の鎮守として勧請したのが観音寺聖天（山崎の聖天さん）の始まりであるとし、以空上人の『窕誓伝』に従えば、この聖天像は空海の請来したものであるから、日本最古の聖天ということになり、唐でつくられた像か、あるいはインドより唐に伝わったものをさらに日本に請来したものか、秘仏である以上うかがい知り得ないが、日本で造像されたものでない尊像である。

《法験によってあらわれた歓喜天》

また全国的に有名なのは奈良県生駒山中腹の宝山寺の聖天で、これは生駒の聖天として聞こえている。これは湛海律師が延宝六年（一六七八）に入山してから祀ったとするから、大

悲山観音寺の「山崎の聖天さん」より三年早い。『和漢三才図会』によると、

宝山名湛海姓山田氏勢州安濃郡一色村ノ人（中略）常ニ修二歓喜天法一時ニ壇上ニ出現象頭人身也　願クハ拝二真形一則現二三面六臂形一面赤如二火長一可二七尺一也　因始テ行二一万座華水供一数千座而任レ告致レ京得二粟田口ノ天王坊一住持拡(ヒロゲ)レ地建レ堂自(ホシイママニ)専勤レ之号歓喜是也修二花水供一二万三千余座修二浴油供一二千日有二法験一不レ可二枚挙一一時(アルトキ)歓喜天出二現真形一女夫如二天女一端正而象ノ鼻人身大可(ハカリ)二七尺一其鼻長垂二乳辺一頭ノ上ニ飾二未ダ敷蓮華一男天ノ威容俊偉(ニシテ)猶如二丈夫一而則海自ラ図レ之命レ工鋳レ之此像伝二于鬼住覚彦和尚一今ハ在二観一時歓喜天告曰汝要レ為我眷属、然則使所願悉成就也海曰出家修道期二仏果冀現令レ入二仏位一天ノ曰是非二我三昧一困テ海以為二聖天一本是大自在天外部ノ天也　以下略

とあって伊勢国（三重県）安濃郡一色村の人山田氏より出でた宝山湛海律師は日頃歓喜天法を修して聞こえていたが、あるとき壇の上に象頭人身の歓喜天が出現したので礼拝すると、それは三面六臂の赤面で丈は七尺ほどであった。湛海はそこで一万座の華水供を行って、お告げによって京都の粟田口の天王坊に来てその地に堂を建てて歓喜天を祀り、華水供を修すること二万三千余座、浴油供を修すること二千日を行ったので、法験いよいよあらたかであったが、あるとき歓喜天の真のご尊影が現じた。それは象頭人身の男女抱擁の二尊で、女天は象鼻の天女形で、七尺程の高さで、鼻は乳のあたりまで垂れ蓮華の天冠を付けていた。男天は偉容であって、湛海はそのお姿を描いてこれを鋳工に命じて尊像をつくらしめた、というもので、これが生駒山の宝山寺の聖天像であり、貞享三年（一六八六）に聖天堂を建立したとある。この宝山寺の聖天も現在では秘仏で、不動明王が主尊として祀られる寺となっている。

《錫杖の聖天像》

象頭人身の鋳像として古いものは埼玉県妻沼町の歓喜院が有名で、これは錫杖にあらわされており、西岡秀雄氏の『図説　性の神々』には鎌倉時代初期頃の作とされているから、他の寺院が秘仏として古い時代の縁起をつくっていながら実態をうかがい知れぬことから、そうした縁起のものは別として、この錫杖の歓喜天像は最も古いものと思われる。

錫杖の頭部の輪の中央にある小型の象頭人身の双身聖天像で、これはその柄に「建久八年丁巳四月八日辛亥　鋳匠　和気末友藤原守家済昭則友」と鐫られてあり、製作年代が明瞭であり現在国宝に指定されている。

象頭双身の聖天
（埼玉県　歓喜院）

これは『新編武蔵風土記稿』にも記され古来有名であるが、実用の錫杖として用いたのではなくて、錫杖の頭部の輪を聖天の鎮壇あるいは円筒形のお厨子を想わせるごとくに見立てたもので、杖としてつくためでなく、はじめから錫杖型をもって、光背にも兼ねさせたものであろう。

さらに珍しいのは双身の両側に眷属の歓喜童子を一体ずつ配して三尊形式としていることである。錫杖の高さは一尺五寸五分（約四七センチ）、聖天の高さ三寸五分（約一〇・五センチ）であるから大きい方ではないがよくまとまった尊像で古来有名なものであったが、重量が三貫七百四十匁（約一四キロ）であるからとても杖ついて持つものでなく、はじめから本尊として安置するためにつくられたものであろう。

《御影札は天女形座像の聖天》

また埼玉県勝楽寺の聖天院にも歓喜天が祀られ、「高麗山勝楽寺縁起」には天武天皇のときに若光が高麗から請来して祀ったものとしているが、当時の朝鮮における聖天信仰の時期から考えて疑問であるといわれている。

大聖歓喜天王（埼玉県　勝楽寺）

室町時代に真言密教の道場となってから聖天を祀って聖天院の寺号も付けられたのであるが、現在は不動明王におきかえられ、聖天は秘仏となっている。ここで発行するお札（御影）は象頭人身双身ではまずいので、天女形の座像とし、ただし頭上に二つの象頭を冠のごとく戴き、四手で、上右手に三叉鉾、上左手に宝杵上に蓮花と宝珠を持つ。下右手は二股大根、左手に小さい宝袋を持っている。像の左上に高麗郡高麗山、右上に大聖歓喜天王、下方に横書きで聖天院と書した木版の図で、これは歓喜天の子供の歓喜童子をあらわしたものであろう。

また『新編相模風土記稿』第二冊巻之二十四村里部　足柄下郡巻之三　早川庄　小田原宿上の松原神社の項に、

　西光院

　本尊不動　及聖天十一面観音　明神の本地仏なり　長一尺二寸　閻浮檀金　秘仏を安ず

とあるから、ここも聖天は秘仏で前立本尊として十一面観音が祀られ、不動尊が同座しているのであろう。

ここの秘仏は閻浮檀金（えんぶだんごん）(jambunada-suvarṇa) でつくられているとしているが、鉱物学的にそうした金属はない。

諸経典によく出てくる金属で、赤黄色で紫焰気のある金といい、金の中で最も高貴とされている。インドの香酔山と雪山の間にある閻浮樹林の中を流れる河から採れる金としており、特殊の美しい光を発するので閻浮檀の光などと表現する。そうした想像上の理想的金属で西光院の聖天像はつくられたと伝えられているのである。聖天像は普通木彫か、鋳銅・青銅、稀に白銅が多いが、閻浮檀金をどうやって入手したのであろうか。

《待乳山聖天宮の縁起にみる聖天信仰》

次に東京都台東区浅草七丁目四番の待乳山聖天宮は江戸時代から有名で、『江戸名所図会』開陽部　巻之六に、

聖天宮　真土山にあり、別当は天台宗金龍山本龍院と号く。伝へ云ふ。大同年中の勧請にして、江戸聖天宮第一の霊跡なりといえり。和漢三才図会、江戸鹿子等の書に、斎藤別当実盛深く尊信の霊像なりといへり　弁財天祠　山の麓池の中嶋にあり平政子崇尊の霊像たりといえり

とあり『和漢三才図会』日本武蔵の部には、

聖天宮　在金龍山　別当知光院

斎藤別当実盛守本尊云云　地景佳

とある。『江戸名所図会』は大同年中に勧請したとしてあるから、大同（八〇六－八〇九）は平城天皇の御代で平安時代の初期である。何処から勧請したかはわからぬが、『和漢三才図会』では斎藤別当実盛の守本尊であったとしている。斎藤別当実盛は平安時代末期の人で越前の人であるが、後に武蔵国の長井に住んだ。長井は三浦郡で今の横須賀に属するのであるからこれもおかしいが、とにかく江戸時代には右のごとき伝承があったもので、知光院が別当であったとしても、いろいろの説と、いろいろの縁起がつくられた時代であったのであろう。

また田村栄太郎氏はその著『浅草・吉原・隅田川』の中で、

聖天とは天の聖といういみで、聖は雷電であり、八幡宮は隅田村（紀伊国海草郡府中村にある八幡宮をさして言い、ここには隅田川、真土峠、聖天宮があるのをここの人達が武蔵国に移住して、故地の名に因んでつけたものとした上での説明で）の氏神八幡宮のことで、もとアッシリヤ語の「光」が書紀の八咫となったものを仏教で八幡にしたものであり、光とは雷電のことである。雷電が八幡になり聖天になったのだが、聖天だけは仏教化されても、浴油供という祈禱料が残っており（中略）『慶長見聞集』には待乳山の聖天を「生天」とも書いているのは陰陽合によって子を生む天のいみであって「生天」の方が合理的な見方といえよう。『嬉遊笑覧』には祭会聖天の部に「男子北に向って立ち、一女南面その頸を抱く。赤体交接、土人公仏母と呼ぶ」としてある。「生天は陰陽合であるから男女抱き合って歓喜天となるが（以下略）」。

と記して、聖天の語について説明しているが、わかったようなわからないような的外れの解説をしている。神仏混淆的に八幡と結びつけたり、雷電の陰陽合から歓喜天に結びつけるのは少々無理であり、これはインド神話の毘那夜迦天をまったく無視したか、知らなかったことにより拝火教徒語の故実付けに終始した結果である。

聖天・歓喜天は毘那夜迦天をどう変形美化しても、インド神話の毘那夜迦王から出ていることは揺るぎのない事実で、ただ日本密教においては著しく異なった説き方がなされており、つまり日本に入った聖天が、いついかなる理由により変形して現在の聖天に至ったかは皆目確かめようもないくらい不可思議の存在である。そうした例として、この待乳山聖天宮の縁起もその代表的のもので、そのご利益を讃えている。待乳山聖天宮で発行しているパンフレットをみると、「待乳山とお聖天さまのいわれ」として次のごとく述べている。

待乳山と申しますこのお山は、第三十三代の推古天皇さまが御位におつきになってから三年目の乙卯の歳の九月二十日に、とつぜん、地のなかから湧きあがった山でありまして、その時に金竜があまくだってこのお山をとりまいてお守りいたしましたので、金竜山と名づけられ、霊山聖地としてとうとばれるようになったと言われております。今からおおよそ千三百八十余年前のことでありますが、これは、このお山に大聖歓喜天さまがおくだりあそばされるおめでたいさきぶれであったわけであります。それから六年ののち、同じく推古天皇さまの九年の夏、それまでになかったほどの天候異変がおこり、作物が全くできないため、たべるものは何一つなく草や木さえすっかり枯れてしまい、沢山の人が死んでいくほどの暑さなのに、水は一滴もなくなり、まるで焦熱地獄そのままの苦しみにのたうちまわる日がつづきました。人びとのこの悲惨きわまりない苦しみのありさまを見るにしのびないと十一面観音さまが大聖歓喜尊天さまとなって御姿をあらわしたまい、この御山におくだりになって、ときの人々をお救いくださいました。これがお尊天さまのこのお山への御しづまりのはじめであります。第五十五代文徳天皇さまの天安元年のころ、天台中興の祖といわれる慈覚大師さまがこちらの方にめぐってこられました時、このお山にご参籠になりまして、三七日の浴油の修法をなされて国の平和をお祈り遊ばされ、さらに本地秘密の供養法をおつとめになって、赤施檀（しゃくせんだん）をもって十一面観音さまをお刻み遊ばされました。それから千三百八十有余年、あらゆる神さま仏さまのおおもとと、われわれ一切衆生の、もとの親神さまであられるお尊天さまの、み救いの御利益は、いよいよますますあらたかに、ひかりかがやいて今日に及んでいるのであります。

と由来を記しているが、「今からおおよそ千三百八十余年前」ということは、この「待乳山とお聖天さまのいわれ」という栞は十数年前に文がつくられたことで、おそらく昭和五十年代の後半から六十年代の初め頃に、参拝者に頒布するためにできた文であろう。ＵＦＯが世界的に確認され、エイリアンという宇宙人的生物の存在がささやかれて、地球人が今や宇宙圏の中の存在として何をなすべきかを問われている時代に、こうした由来を説くのはまことに貴重である。

ただ推古天皇の三年（五九五）乙卯九月二十日に、当時浅茅が原の一画であったこの地に不意に降起したというのはいかがであろうか。こうした史的事実としての裏書はまったく見られず、これは近江国の中央が陥没して琵琶湖となり、その反動で一夜にして富士山が出来たという伝説と同じである。もっとも北海道の昭和新山が数日にして隆起したということが

昭和の現代にもあるから、あながち否定はできないが、『地学雑誌』に、

真土山は俗論に人力にて真土に築造せるが如く曰へるは、山の名称にのみ拘泥せし附会の説なり、此山海面凡七メートルの高さあり、山の上より下までの地質は、砂利層より成りて、時に或は層中、自然に成りし地層線の跡を残す。唯他の洪積層と縁を断ち、平術の地に独り臥し、所謂陸地の孤島をなすも、元来は洪積層より成れる上野台と連続しものたるべく、而も水流の作用に由て、其間を削り去られ、斯くは現今の地勢を呈するに至りしものか。

とあって地質学的にいうと、上野台（上野方面の高台）の地質と同じであるから、太古は続いていたのが、荒川などの水流の変化の影響をうけて、中間が削り流され、孤立した丘となったのであろうとしているから、千三百九十数年前の九月二十日に一夜にして隆起したものでないことがわかる。故にこの付近は砂利層であったので、江戸時代には砂利の採取場でもあり、日本堤を築くときに、この待乳山の土もかなり運ばれたとの説もある。

その一夜にして隆起したときに、天から金龍がくだって来てこの山を取り巻いて守護したことから金龍山と名付けたとしているが、日本の仏法説話に金龍譚はすこぶる多く、また龍自体が絵や彫刻に見られる形態の事実上の存在はなく、想像上の霊獣であることは今日の子供でも認識していることで、これはわかりやすくいえば雷電の稲妻が金龍である。雷電は慈雨のしるしであるから、農耕民にとっては神にも等しい存在であり、これを祀ることは当然

であり、この岡（山）が神のいます丘とすることは『日本霊異記』の崇峻天皇の項の雷の岡の話によってもうなずかれる。

しかし推古天皇の九年（六〇一）の夏に大旱魃となって人民が苦しんだというのははたして事実かどうかは、縁起として設定するのには適切であるが、待乳山の傍には現在の隅田川（荒川）が流れており、水流が利根川に混じったり、いろいろと変化した地帯であるので水が乾れることは少なく、むしろ洪水の多い地帯であり、後世の浅茅が原一つ家伝説の姥が池が近世まで残っていたとおり沼沢地帯であるから水が一滴もなくなる地帯ではない。そうした人民の塗炭の苦しみを見兼ねた十一面観音さまが、大聖歓喜天のお姿となって、この待乳山に示現されて人々をお救いになられたというのであるが、毘那夜迦を仏法護持の善神に立ち返らせるために十一面観音が女毘那夜迦となって示現したくらいであるから、この場合も、まだ民衆の馴染み、認識の薄かったであろう聖天（毘那夜迦）の怪奇的お姿でなく、始めから大慈大悲の麗容の十一面観音のお姿のままであらわれられた方が民衆にはもっと有難く映じたのではあるまいか。ただし観音様のお姿であらわれてしまうと浅草寺縁起がつくりにくくなる。

また文徳天皇の天安元年（八五七）に慈覚大師がこの地に巡錫されて、聖天のために三七の浴油の修法と本地秘密の供養法をなされた後に赤旃（栴）檀の木をもって十一面観音の尊像を刻まれたと伝えるが、栴檀とは仏教にも南天竺に生ずる木で香木とし、赤栴檀は牛頭山に生じるので牛頭栴檀ともいう昔から高貴の香木で輸入品である。慈覚大師は入唐した高僧であるから赤栴檀の小片ぐらいは持っていたとしてもおかしくはないが、十一面観音が大聖歓喜尊天となってあらわれたのであればなぜ聖天像を彫らなかったか。また終りの方に「あらゆる神さま仏さまのおおもと、われわれ一切衆生の、もとの親神さまであられる尊天さま（これは大聖歓喜尊天のことであろう）の、み救いの御利益は、いよいよますますあらたかに、ひかりかがやいて」とあり、大聖歓喜尊天はあらゆる神さま仏さまのおおもとであり、一切衆生の親神さまであるというのは、釈迦如来や、大日如来ではなく大聖歓喜尊天が、神仏の中で最高神であるということになる。また同栞に聖天さまの信仰として、

詣で来る人をまつちの山かぜにまよひの雲は払ひはてけり（江戸名所記）とうたわれているように、当山の聖天さまの霊験あらたかなることは昔より広く知られております。十一面観世音菩薩を本地仏とする聖天さま（大聖歓喜天）は仏法を守護し仏道を行する人々を守護する天部の神さまでありますが、私ども衆生の迷いを救い、願いをかなえさせて下さる大きなお力を持っておられます。境内諸所に印されてある大根や巾着はそのご利益を端的に表わしたしるしでありまして、昔から栄養価高い大根は健康で一家和合を意味し、巾着（砂金袋）は財宝で商売繁昌を現わし、聖天さまの信仰のご利益の大きいことを示されたものであります。したがってご祈禱は年中毎朝厳修され、祈願をお申込になりますと七日間を限って厳修致しております。

として、ここでは仏法を守護する天部となっている。以上の文からは、インド神話や諸経に記されている障礙神、もしくは恐ろしい天部の神であることは片鱗も見られない。〝法にかなわぬ行為〟があっても障害をなすことなく、ひたすらに民衆救済の有難い神となっているのは、日本密教、特に近代以降の毘那夜迦聖天の特色で、日本においていつ頃からこうした神として崇尊されるようになったのか皆目見当がつかない。

また麓の池の島に弁才天が祀られていたと江戸時代の書にあるが、栞には戸田茂睡の歌碑と付近の見所として、土塀（ついじ）、歓喜地蔵、出世観音、浪曲相輪塔、宝匧印塔、天狗坂、トーキー渡来碑等があげられているのみであり、斎藤別当実盛にまつわる伝承はない。

これらの点から考えると、江戸時代の聖天と、現在の聖天とは排仏棄釈以降に取り上げ方が大分変わったことがわかる。侍僧に聞くところによると、聖天宮はあくまでも十一面観音で、聖天（毘那夜迦）はかりの姿であり、男毘那夜迦ではないという不思議な話である。そしてこれは秘仏で寺僧でも一切見たことがなく、浴油も夜秘かに行われているといわれるが、秘仏のお厨子の上から浴油を行うのであろうか、また浴油供という形式の行法なのであろうか。

また金龍山浅草寺発行の本には、

待乳山聖天　浅草寺支院の一つである本龍院で、聖天さま（大聖歓喜天）をお祀りし、お前立本尊として十一面観音が祀られている。縁起によれば、開創推古天皇三年九月二十日に始まり、求福良縁を求めるものが祈願すれば、必ず成就すると言われている。と記されている。縁起による推古天皇三年九月二十日は待乳山が忽然と湧出した日で、十一面観音が大聖歓喜尊天となってあらわれたのはそれから六年の後であるからここに食い違いがある。また、聖天は秘仏であるから一般には拝めぬが、その前に前立本尊として十一面観音が安置されているという。

つまり推古天皇九年辛酉に聖天（十一面観音）が天降ったとするが、浅草寺縁起の聖観音を伝説上の漁師が浅草浦より引き上げたのが、推古天皇の三六年（六二八）であるから、これより二十七年古いことになる。また『江戸名所図会』では大同年中の勧請としているのは、江戸時代はそう信じていたからであろうが、現在なぜ推古天皇九年に変わったか、これも昔より諸説あった一例であろう。

本龍院で出している御影は埼玉県高麗村の聖天院の御影と似た女性形である。

《国家鎮護のためにつくられた歓喜天》

鎌倉市小町三丁目五の二二にある天台宗金龍山宝戒寺にも、大聖天歓喜双身天王が祀られている。宝戒寺はもと北条氏の邸跡であり、元弘三年（一三三三）に新田義貞の鎌倉攻めによって北条氏は滅されたが後醍醐天皇がその霊を慰めるために建武二年（一三三五）に開基され、開山は天台座主五代国師円観恵鎮慈威和上の開山であるが、二世普川国師惟賢和上が国家鎮護のため和合仏である歓喜天尊像を造立したとされており、明治三十二年（一八九九）に国宝に指定され、現在は重要文化財指定であるから、拝観の栄を得た人もあったのであるが現在は秘仏とされており厨子しか拝せられない。これは双身天王と称されているから、おそらく象頭人身の二体抱擁像であろう。

伊豆は温泉郷で訪れる入湯客が比較的開放的になるのか、道祖神や性神視されたものが多く、その中に象頭人身双身の聖天像もあり、熱海と下田が有名であるが、どちらも一般的双身像とは異なって、腰をおろして足を組み合っている形であるのは珍しい。

熱海市の方は錦が浦の傍の妙智観音堂に祀られ、ここにはネパールのヤマーンタカ（Yamāntaka）神の交合像もあり、訪れる人も多いが、前座位の双身で裳の隙間から腟の見えるはなはだセクシーなポーズのものである。ここで発行する御影礼は、中央に「奉礼吒羅陀枳合帝」と書し、右に「奈出二寻利一崇二于田里一」、左に「意蠡二他利一堕二戸陀裡一」と記したものであるが随分あけすけの卑猥な咒文である。読解されると苦笑を禁じ得ないであろう。これと同じポーズのものが伊豆下田の了仙寺にあるが、これは人頭双身の聖天像に擬すべき木彫像でこれも有名である。

この他に全国にかなりある。

日本における異形の聖天

《三面の聖天と大黒天》

聖天は日本にあってはさまざまの解釈がなされ、またさまざまな変化をなしていることはさきに述べたとおりであるが、ここに最も異形なのは東寺に伝わっているという三面の聖天である。『吒枳尼別行軌』によると、

守覚法親王の拾要集にいふ。東寺夜叉神の事に、大師御入定後、西御堂に於て、檜尾僧都に授け給ふ条にこれあり。大師いう。この寺に奇神あり。夜叉摩多羅神と名付くこれなり。持者には吉凶を告ぐる神なり。その形三面六臂云云かの三面は三天なり。中面金色、左面白色、右面赤色なり。中聖天、左吒吉尼、右弁才天なり云云天長御記はいふ。東寺に守護神あり、稲荷明神の使者なり。大菩提心使者と名づく。

とあるが、この夜叉摩多羅天とは中国にもない不思議の神で、比叡山常行三昧堂の守護神として摩怛羅神・摩怛利神とも書かれるが、天台では玄旨帰命壇に本尊として祀られている。いわゆる灌頂壇であるが、これは慈覚大師が唐で修業し帰朝の際に船中に示現したといわれているが、日本でつくられた仏教神で、その像容は日本の大黒天に共通する。つまり烏帽子

狩衣姿の俗体で鼓を打つ姿であるがこの形容も後世つくられたものであろう。

慈覚大師が感得したとされるが、慈覚大師円仁は平安朝時代初期の人で、画などに描かれている烏帽子に狩衣姿などという服飾はその時代にはたしてあったかどうかは疑問であり、その服装は平安時代中期以降であるから、こうした姿での示現ではあるまい。

烏帽子を俗にいう大黒頭巾に置き換えれば後世の大黒天と同じ形容になるから、いつしか大黒天と同体に見るようになり、大黒天は北方の神（黒は北をいう）として北斗七星などを配したりし、守覚法親王の『拾要集』に記す三面六臂の大黒天になるのであるが、この三面六臂は中聖天、左荼吉尼、右弁才天となっているのではたして大黒天の三面六臂と見るべきかどうかは疑問である。

つまり中聖天というのは三面の中央が聖天ということで、三面でも四面、五面でも中央がその尊神の本来の姿であるべきはずであるから、これは大黒天でなく、聖天すなわち毘那夜迦で象頭であるはずである。聖天が人面であるのは後世の特殊な表現の場合のみであって、聖天は象頭であるから、この夜叉摩多羅神（摩怛羅神）と呼ばれるのは大黒天でなく聖天と見るべきであるが、大黒天の異形とする摩多良神は、本来は聖天ということになり、これら後世の混同視からは聖天も大黒天も摩多良神も同一神であり、応変の示現ということになる。

さらにおかしいのは『拾要集』にいう、中聖天（金色）、左荼吉尼（白色）、左弁才天（赤色）の顔色の配置はいぶかしい。

聖天の金色はインドにおいても金箔押があるからよいとして、弁才天の赤色の顔はおかしいし、荼吉尼天の白色もおかしい。弁才天は天女形で唐時代の盛装をしているのであるからほとんど人肌色か白色が一般的であり、荼吉尼天はインドやネパールにおける画像を見ても褐色か赤色が多い。したがってこれは荼吉尼天が赤色で弁才天が白色の誤記であろう。

これの像容が三面大黒に影響したのか、中央大黒、左が弁才天、右が摩利支天（または毘沙門天）の三面のものがある。

これは前に述べたごとく、七福神のうちの三福神を集めて一体とした大衆の願望のきわめて欲深に応じる姿として僧侶の発明した大黒であるが、夜叉摩多羅神を含めて、この合成神の個々はすべて福徳神としてあらわされたものである。

そしてこの三面神が艶福家であることは、聖天が荼吉尼天と弁才天という二女性に挟まれた顔であり、三面大黒も大黒天が弁才天と摩利支天（摩利支天本来の姿は弁才天を想わせるほどの女尊である）に顔が挟まれた艶福家であるが、これらの神は福の神の仮面をかむっているが、本来の姿はみな戦闘神であることは個々に表現されたときの持ち物を見れば、必ず武器を持っていることでもわかる。

また夜叉摩多羅神と三面大黒と共通することは、聖天と大黒天が同一視される混同からであろうが、同一視され得る性格の故であり、同じ眷属、あるいは一方から岐かれてつくられた神であろうと思われる。

《人面人身体の歓喜仏》

また天台宗の中には歓喜天の抱擁を、毘那夜迦と十一面観音の抱擁ではなく毘沙門天と吉祥天女の抱き合わせとするのは、毘沙門天が大黒天に共通する（ともに北方の守護神）であるからで、東寺の観智院には毘沙門天と吉祥天女が背中合わせになっているのは抱擁ではあまりあからさまであり、礼拝者にその顔容と前正面が見えないからであろう。神仏の有難さを示すための苦心の作で、男毘那夜迦が毘沙門に応変し、女毘那夜迦が吉祥天女に応変したものであろう。とすれば本地は男女の毘那夜迦であるが、なぜ毘那夜迦が毘沙門天や吉祥天の姿になってミトウナをして見せねばならぬのか理由がわからない。

変形歓喜天（静岡県　了仙寺）

これと同系統と思われるものに、静岡県下田の了仙寺には仁王形の男尊と天女形の女尊の歓喜仏がある。高さは男尊が三六センチ、女尊が三五・五センチであるが、ヒンドゥー教の歓喜ミトウナ像に見られるように女尊は両脚で男尊の腰をからめており、男尊は両足を踏ん張って立っている。これは性交姿の立位で密着した姿であるから歓喜天であることは当然であるが、インド神話のガネーシャ（毘那夜迦）とは全く異なる。いわゆる視覚的に日本的に解釈したものであるから、男尊を夜叉、女尊を天女ともいい、また男尊を毘那夜迦の人身体、女尊を観世音菩薩ともいい、いろいろの解釈付けがなされている。

また香川県木田郡牟礼村八栗山の聖天岩屋の歓喜天も象頭人身形でなく、人面の男女像であり、これは伊弉諾尊と伊弉冉尊のミトウナ像であると土地の人は信じている。つまり日本神話の国生みを象ったことになるが、名称は聖天岩屋の歓喜天であるから、来由の始めは象頭人身の毘那夜迦からきていることは間違いなく、神仏習合して垂迹した例であろう。ここの民俗は盆明けの十六日に村の若い男女が、この歓喜天をお参りしてから、帰路、男女が自由にミトウナする風習があるというから、筑波の歌垣に共通する古い時代の自由恋愛の風習に歓喜天が結びついたものであろう。

このほか全国には数多くの聖天（歓喜天）を祀る寺院があり、なかには秘仏とされたまま知られていないものもあるであろうが、西岡秀雄氏の『図説・性の神々』には、大略真言宗系で八十五寺、天台宗で六十寺、その他宗旨不明を含めて十寺、計百五十五寺であろうが脱漏や廃寺となって不明のものもこのほかにあるとしている。

このほかに廃寺になったためか民間に流れて個人的に秘蔵信仰しているものを加えたら、どのくらいあるかわからない。氏の一覧表によると東京都内でわかっているものだけで二十四箇寺、京都市内で十八寺、大阪府内で十四箇寺とあって、著名な寺でも一隅に祀られているのであるから、真言・天台の寺院をくまなく調べたらかなりの数に上ると思われる。
また信者用として京都の伏見人形としてのテラコッタ像まであるから、その数は意外と夥しいものではなかろうか。

聖天のしるしとしての大根と巾着

《聖天の祀り方》

聖天を祀る所にはよく違い大根と巾着状の袋が表現されているが、これの意味するところは何であろうか。

大根は中国では蘿蔔（萊菔）といい、日本訓みにして「らふく」、略して「らふ」で、『碧巌録』の第三十則にも「僧問二趙州一承聞、和尚親見二南泉一、是否、州云、鎮州出二大蘿蔔頭一」とあり、また『箋注倭名抄』九四十菜類、温菘、注引二爾雅一云、葖、蘆肥、釈曰、紫花菘也、俗呼二温菘一、似二蕪菁一、大根、一名葖、俗呼二雹葖一、一名蘆葩、今謂二之蘿蔔一是也、則知、温菘即蘆菔」と記され、大根のことである。また萊菔を「らいふく」と訓んで来福の意味にも転化させている。

この大根（蘿蔔）は中国で訳された経には聖天の持ち物の中には見られず、『覚禅抄』に「玖目天法」という偽経を引いた中に、三面三目四臂の歓喜天像二種を説いて、一は左右二手根本印の他に左手に歓喜団、右手棒、下手蘿蔔根、他は左上刀、下手歓喜団とある。こうしたものから稀に左手に蘿蔔根を持つ画像も見られるので、いつしか聖天には蘿蔔根を供えたりして、やがてシンボルマークになったものと思われる。

しかし、インド、ネパールなどにおける聖天（毘那夜迦）には蘿蔔根を持つものは見られないとともに、およそ大根を象が好んだかどうかは疑問である。大根の原産地は、コーカサス南部からパレスチナ辺が原産地とされ、古い時代から中国・日本・ヨーロッパに分布したが、だいたい温暖地帯につくられるものであるから、聖天が大根を持つものがあるのは、中国からか、または日本において考え出されたものであろう。

待乳山聖天の石に彫られた二股大根

待乳山聖天のパンフレットには、「境内諸所に印されてある大根や巾着はそのご利益を端的に現わしたしるしでありまして、昔から栄養価高い大根は健康で一家和合を意味し」と、わかったようなわからないような抽象的説明をしているが、何で大根が聖天に結び付くかを一向に説明していない。

にもかかわらず、大根を供えるようになっていて、寺務所で大根が用意されているが、善男善女はこれを求めて祭壇前に供えて一生懸命祈るが、大根がご利益をうけるための験(しるし)になっているのはなぜであろうか。

これは大根(蘿蔔根)を持つ画像が大根を供える習慣を生じ、やがては聖天のシンボルマークになったのであろうが、もう少し穿った見方をすると、象頭人身双身の聖天は異形であり、また交接像(ミトウナ)であるから公開しにくい。ほとんどが秘仏である。それで白い人体の肌をも想わせるような大根の打ち違えをもって、ミトウナ像を抽象的に示したことより始まったのではあるまいか。聖天のシンボルマークは大根の打ち違い紋であり、極端なものは二股大根の打ち違いの組み合わせである。

また東北・北陸地方では旧暦の十二月九日に、〝大黒天の嫁取り〟といって二股大根を大黒天に供えて祭る風習がある。これは二股大根が女体をあらわしたものであるから、聖天に大根を供えるのも、女体を捧げて慰撫して、願い事をかなえてもらおうという意も潜在しているのであろう。そしてこの二股大根をもって和合の表徴のごとくに用いたのは、立川流を攻撃した僧宥快の『宝鏡紗』に記されるように、立川流の「男女二根即是菩提」という教義が多少入った上で考え出された象徴でもあろう。とすれば室町時代以降、近世からであろう。そして聖天が片手に大根を持つ(単身の場合)のはインド伝説の片牙の由来を想わせる。

カイラーサ山のパラシュラーマ(戦斧を持てるラーマ)がシヴァを尋ねて来たときに、シヴァ

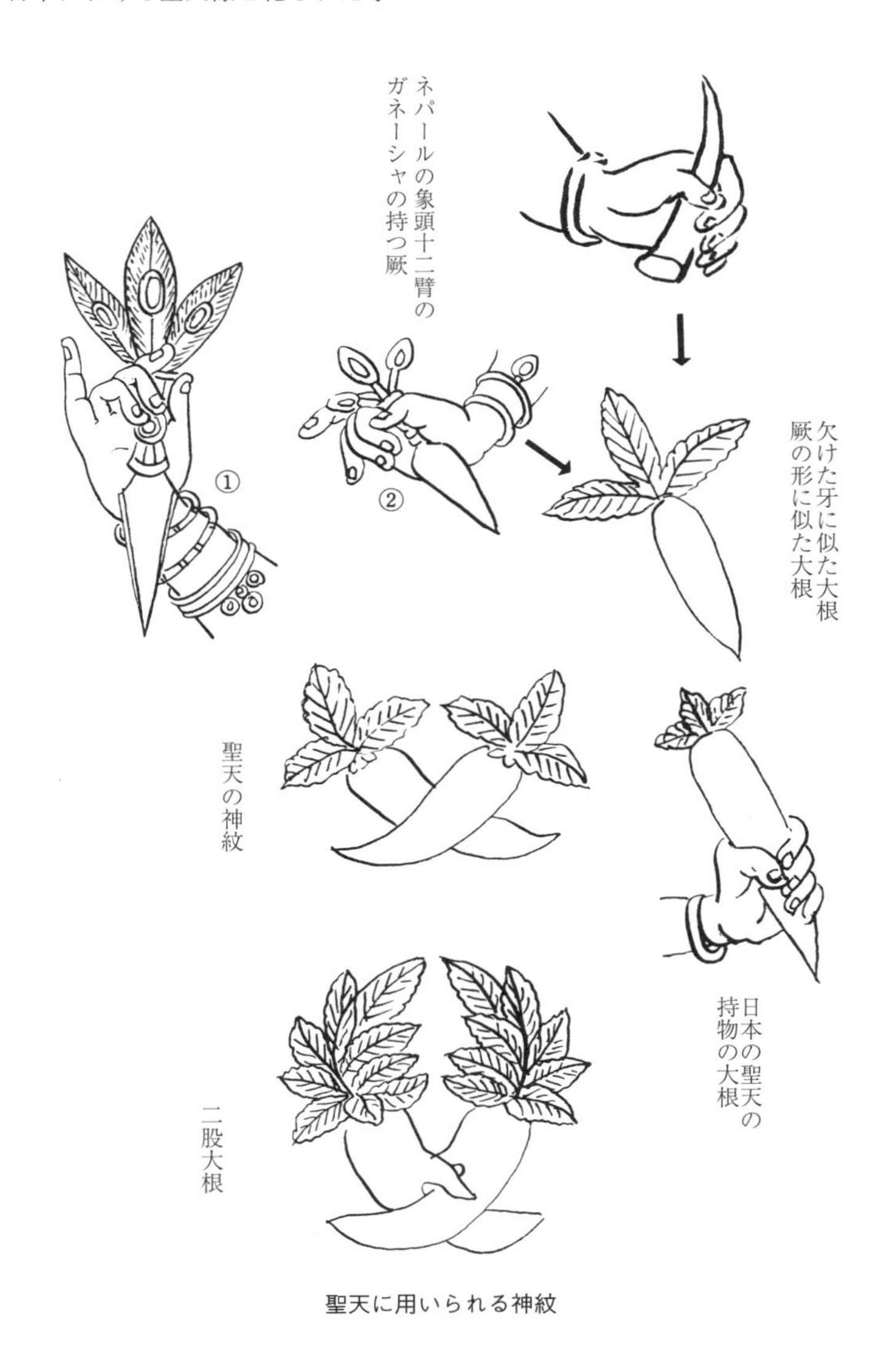
ネパールの象頭十二臂のガネーシャの持つ厥
①
②
欠けた牙に似た大根
厥の形に似た大根
聖天の神紋
日本の聖天の持物の大根
二股大根

聖天に用いられる神紋

が眠っていたのでガネーシャがことわると争いとなり、パラシュラーマの投げた斧がガネーシャの牙に当たったので、牙が折れた。そこでガネーシャは片牙となったという話が伝わっていて、ガネーシャは片手に折れた牙を持っている。象牙は大根に似ているので、牙を誇張した場合に大根を持つ表現の発想が生まれたものとも思える。

つまり大根は牙の表現であり、大根を供えるのは俗人の欲望をかなえてもらう代償として聖天の欠けた牙の補足をするという、日本的発想であろう。

また待乳山聖天のパンフレットに説明する巾着（？）については、「巾着（砂金袋）は財宝で商売繁昌を現わし、聖天さまの信仰のご利益の大きいことを示されたのであります」と述べ、聖天がご利益の大きいことを示すために巾着（砂金袋）を持ったごとく、あるいはシンボルマークとしたように説かれているが、これは日本において勝手に考え出したことで、聖天の持ち物に巾着は見当たらない。福徳ご利益のあることを示さんがためにこれも日本において欲の突張った連中に理解しやすいようにつくられたものであると思われる。

聖天の持ち物は双身には見られないことは、抱擁しながらいろいろの物を持っていることは不真面目であるから、何も持たず一心に抱き合って梵我一致の境地を示さねばならぬが、単身の場合には、その威力を示すためにいろいろの持ち物を持って大衆に理解させようとし、その威力の表現によって二臂、四臂、六臂、三面四臂とある。

『大聖歓喜天使咒法経』の四臂像は、鉞斧・歓喜団・棒・牙を持っている。

歓喜団

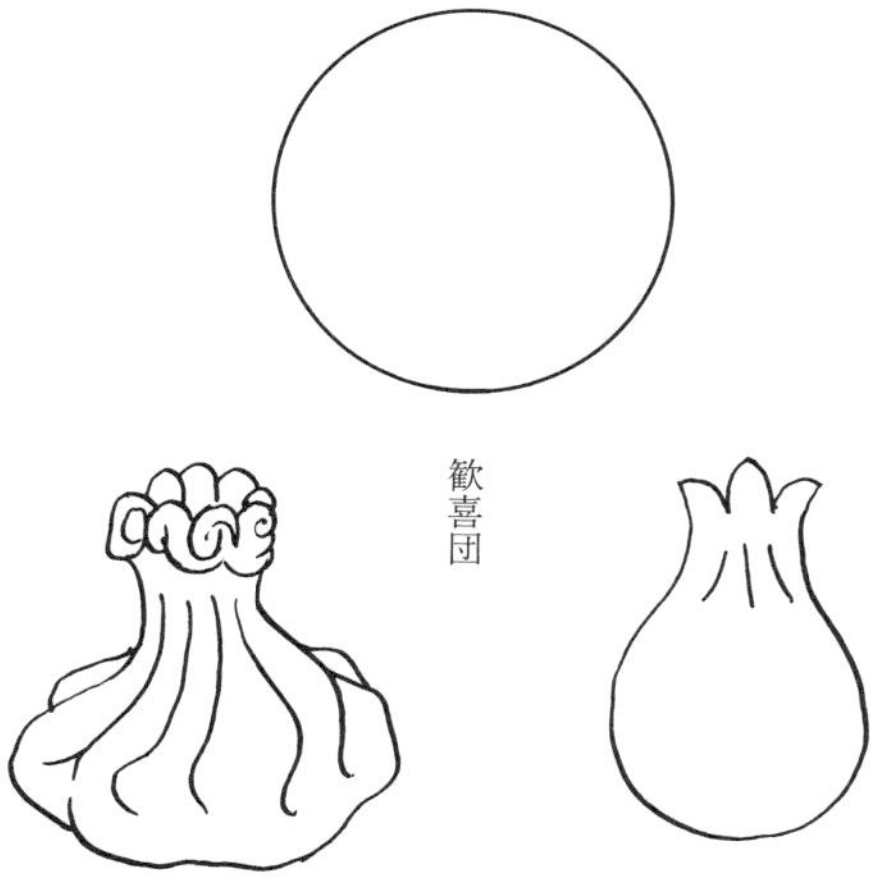

宝山寺の神紋
（宝袋）

歓喜団と宝袋

『大聖歓喜双身毘那夜迦法』の六臂は、刀・果盤（皿）・輪・棒・索・牙である。『仏説金色迦那鉢底陀羅尼経』の六臂では、刀・歓喜団・剣・棒・縛折羅・索である。『大聖歓喜双身毘那夜迦天形像品儀軌』の六臂では、刀・果盤・輪・棒・跛折羅・索であり、また別に四臂像で見るところは、鉞斧・歓喜団・牙または杵・宝棒のものと金剛杵・鉞斧・羂索・三叉戟、このほか髑髏・弓・箭・鈎などを持つものもあるが、蘿蔔根を持つものは『諸説不同記』『玖目天法』にあるのみであり、まして巾着（宝を入れた袋でもよい）を持つ表現のものは一つもない。

しかるになぜ巾着（これはどうも巾着ではなく、宝物を入れた袋らしい）がシンボルマークでときには三摩耶形のごとく用いられたか、これについてもその理由を説いた解説が見当たらない。「巾着（砂金袋）は財宝で商売繁昌を現わし」という説明は日本的大黒天の表現と同じで、その説明の観念的なること江戸時代の思想とまったく同じで、金銭的欲望のある者はこれを信心しなさいといわぬばかりで、それが証拠にはどこの聖天さまでも、この巾着状のものをお守りの鈴としたり、財布に結びつけるお符代りとしたものを売っている。

これははたして仏家の説くごとく巾着（砂金袋）であろうか。

《歓喜団の供え物と巾着》

聖天の好むもの、また供えるものにモーダカ（Modaka）というものがあり、これは歓喜団と訳された食物がある。日本の菓子に最中（もなか）というものがあるが、これはモーダカによってつけられたものであるが「小さい糖菓」の意であり、「陽気にさせる」意味も含まれるから歓喜する菓子として歓喜団と訳されたのであろうが、象は甘いものを好むから、象頭人身の聖天には歓喜団が供えられるし、また手に持つ像もある。

『仏説金色迦那鉢底陀羅尼経』や『大聖歓喜双身毘那夜迦天形線品儀軌』『諸説不同記』『覚禅抄』等には聖天は歓喜団を持つとされ、また果盤を持つのも歓喜団を盛るためのものであろう。

歓喜団は『大智度論』『大日経疏』第七、『般涅槃経』第三十九等にいろいろの材料をもって歓喜団をつくる方法が記されているが、要は薬草的のものや、香料、滋養のあるものなどでつくられた一種の栄養菓子である。

故にこの糖菓は聖天にだけ供えられるのではなく、他の諸尊にも供えられ、また持ったりするが、聖天が歓喜天ともいわれるだけに代表的なものは聖天の持ち物とされており、団の用語から球状に丸められたものとして表現される。しかしそのもとは、中に栄養ある具を薄

ガネーシャ・チャトゥルティ祭で
ガネーシャに供えられた歓喜団

米の粉を油と水で練って、蒸して、薄くのばして、くだいたココナツの実とカーダモンの実を包み込み巾着状に絞った形の団子とする。

皮状のもので包み丸めた饅頭式のものであるから、掌によってコロコロと丸めたものでないものは、包口が巾着状に絞られ、あたかも熟して割れる以前の柘榴の実の形に似る。この形が古い形式であったらしく、現在でもインドではガネーシャ・チャトゥルティ祭にこの形の歓喜団を供える。これが日本における巾着にも似、また砂金を包んだ袋にも似ているので、歓喜団を抽象化していくうちに、たまたま巾着あるいは砂金の袋の形として表現されるようになったのであろう。

したがって「財宝で商売繁昌を現わし、聖天さまの信仰のご利益の大きいことを示す」ものではなく、つまり欲深の大衆に示すシンボルマークではなく、逆に聖天に捧げる品の図案化であるとみるべきである。

歓喜団という名称からくる団子状のものでなく、中国の「ふかし饅頭」的、具を包んで絞り口をつまんで締めた形になった丸い饅頭のごときものが歓喜団であって、捧げ供えるものである。

巾着（砂金袋）であって、信仰すればこうした金運に恵まれるぞよ、というシンボルマークでは神仏としてあまりにもえげつない話で、現代的商社の広告と同じである。恐ろしい神であるとともに、村岡空氏や今井幹雄氏の述べるごとく、いかなる低次元の欲望や、他の神仏が見放すような無理なお願いをかなえてくださる聖天の立場からは、なにも信仰すれば財宝がこのとおり得られますよと具象的に表現する必要は一切ないはずである。

これは聖天の好む供物としての歓喜団が、いつの間にか巾着の形にすり替わったものであろう。

また歓喜団を子宮の抽象化とすれば、子宮という形式を通じて女性のみ有する部分の意から女陰を意味し、女陰を捧げることによって狂暴あるいは障害をなだめるための捧げ物となる。フロイトの分析を待つまでもなく巾着状のものは女陰をあらわしたものであり、歓喜団も球形のほかにいろいろの具を包み込んで上部で絞った中国の饅頭の形を巾着が代用したともいえる。現代でも饅頭は女陰の隠語であり、素朴なむかしの人の発想は同じである。そういった意味の故実付けからか、江戸時代には待乳山金龍山聖天宮の麓に歓喜団にも比すべき米饅頭が売られていた。『紫一本』に、

麓の鶴屋うみぬらん米饅頭は玉子なりけりといへるをみれば、もとは鶏卵の形にしたるか……

とあり、また『物類称呼』に、

筑紫にて鶏卵といふあり。江戸にていふ米まんぢうの丸き物にて今江戸にてはいまさか餅といふに似たり。然らは金龍山にて売しころのはこの形なるべし。

とあり、これは一に女陰形ともいわれているが、聖天宮の麓で饅頭を売ることは歓喜団にあやかって売り出したことは間違いない。

しかし女陰形をあらわしたのではこれはあまりにも露骨であるために、大衆の喜びそうな

宝袋形をシンボルマークに定め、これを同型小形の巾着の名称で呼ぶようになったのであろうから上手な抽象化といえる。

また大根（蘿蔔根）とこの巾着状のものが聖天の三摩耶形のごとくシンボルマークに用いられるのには他にも意味があると思われる。八幡神が巴紋、仏家では卍が代表的紋で、だいたいは一神に一つの紋様を表徴的に用い、他の神や神仏習合した場合に二、三の紋様を用いるが、聖天に限っては仏神でありながら、大根と巾着（？）の二つをもって聖天を祀ってあることを示している。

聖天は日本密教において独得の解釈がなされて、インド、ネパールなどの聖天とは大いなる違いの解釈付けがなされ、秘密の行法の尊天となっているが、秘仏とされる根元は前に述べたごとく象頭人身の男女抱擁像である。つまり交接像（ミトウナ）であるから公開できない。そのミトウナ像を意味するものとして大根と歓喜団が暗にそれを示しているものではあるまいか。

フロイトの所説を待つまでもなく、棒状のものはリンガに擬されることは古今より洋の東西を問わぬ性に関する潜在的認識であるから、二股大根は別として（二股大根にも稀に股の所に陽根らしき形のものも見られるが）一本の大根はリンガに擬されているという見方もできる。

一方、歓喜団は中に具を包み込んだ包み口のある形は女性の子宮にも似るし、女陰をも意味すると見れば、大根と歓喜団は陽と陰で、双身毘那夜迦像を示しているとも考えられる。

日本においては記紀をはじめ古代神話は婚（まぐわい）に始まり交合はごく自然に物語られているにも

かかわらず、儒教の影響から男女の交わりを表面的に卑しむ風習を生じ、神道にあっては不浄、仏教にあっては女犯的思想で、ミトウナ的表現は極端に忌避されてきたので、立川流のごときは邪教視され、神仏は道祖神を除いて性的表現は禁忌（タブー）視されている。したがって双身像は秘仏となり、聖天に対する解釈も日本密教独得の綺麗事にすり替えられたために、民衆は聖天に対する認識に不可解的説明で漠然としたままになっている。

有難い仏神であるから秘仏であるというのは少しおかしな話で、ご利益ある神であられるからこそ人々に礼拝し得るようご尊容を拝せしめるべきであろう。

それをなし得ないのは古くより密教系のしきたりであり、法則であろうから、それを犯してまで拝観の栄に浴せしめることは、恐ろしい障害力を持つ尊天だけあって寺側で避けるのであろうが、聖天は、ミトウナを通じて人々に幸福福徳を授ける神としてあらわされたのであるから、単身像の場合には、それとなく性を表現するものがうかがわれて然るべきである。

そうした意味において大根と巾着（?）は最も適切な表現であるといえよう。

現在ネパールにおける象頭十二臂のガネーシャの持ち物の中で厥という武器状のものを持っている。厥は掘る、飛び上がるの意で劂も同義であり、劂は物を彫る小刀をいうが、この形の表現は日本の大根の表現にすこぶる似ているので、これが大根を持つ形に変わったとも思われる。

第四章　聖天と大黒天

聖天と大黒天の類似性

聖天はシヴァとパールヴァティーの子とされる。大黒天は梵名を摩迦羅または摩訶迦羅天（Mahākāla）と呼ばれ大自在天の化身ともされる。大自在天は魔醯首羅天（Mahesivara）のことで、古名はシヴァ（Siva）で仏教に取り入れられてから護法神となったものである。聖天にはしばしばシヴァの投影とみるべき性格があり、大黒天の古い姿にはシヴァの性格がみられる。つまり化身だから共通点があるということだけでなく、古代インドにおける最も強力な荒神的威力をもつ一連のグループの神であるから、性格が同系統であり、信仰する大衆に同じような恩恵をあたえる神となり、ときには化身と解釈されるのであろう。

またシヴァ（大自在天）の化身が大黒天（Mahākāla）であるとしたときに、密教における大黒天の姿は忿怒相で三面六臂で、二臂で象皮をかぶっている形であらわされている。これは

『クールマ・プラーナ』に出てくるシヴァの物語を想わせる。

シヴァはクリッティヴァーセーシュヴァラ（Krtivāseśuvara）というリンガになっていたときに、バラモン僧たちが大勢集まって、そのまわりで瞑想にふけっていた。そこに魔神が象の姿をしてあらわれて僧たちの修業をさまたげた。

シヴァはこれを見てリンガの中から姿をあらわし、その象を退治して皮を剥いで身につけたという話があり、これはちょうど、象皮をかぶらんとしている忿怒相の大黒天に共通するからシヴァの化身であるという説もうなずける。

このほかインド神話にはシヴァの象退治の類型の話はいくつかみられる。

《大黒天の伝承》

まず大黒天の古い形態から探ってみると、いろいろの伝承をもつが一般的に知られていることはマハー・カーラ・デーヴァ（Mahā Kāla Dēva）と呼ばれる暗い神で、淫女神カーリー（Kari）を妻としているのであるからシヴァの化身であることは前に述べたとおりであるが、シヴァは昼の神であるのに対し、マハー・カーラ・デーヴァは夜を支配する神で、つまりシヴァは昼夜を支配することになる。昼夜はインドにおける宇宙観からは一体である。そして仏教に取り入れられてからは植物の世界における生命原理の擬神化としてとらえられ、共同体でもって苦行的生活をする仏教信者に植物の食物を供給する神として尊崇されたために、インドの寺院には厨房の柱にこのマハー・カーラ・デーヴァは必ず祀られていた。

これが中国に仏教が伝わってから、中国でもこれを祀って、暗闇の神であるところから大黒の語訳がなされたのである。唐の義浄撰の『南海寄帰内法伝』に、

西方諸大寺処咸於食厨柱側或在大庫門前彫木表形或二尺三尺為神王状坐把金嚢部踞小牀一脚垂地毎将油拭黒色為形号曰莫訶歌羅即大黒神也古代相承云是大天之部属性愛三宝護持五衆使無損耗求者称情但至食時厨家毎薦香火所有飲食随列於前云云

とあって『大黒天神法』にも、

大神力あり。諸珍宝多し。隠形の薬あり。長年の薬あり。乃至若し加持すれば宝貝及び諸薬等を貿易す。意の為す所に随って皆成就を得。

と、しだいに福神的傾向が強くなり、日本においては『記紀』に出てくる大己貴神（おおなむちのかみ）つまり大国主命と混同され、垂迹説によって同一視されたのは大黒と大国の音が同じだからであり、古代インドの荒神的恐ろしい性格が皆無となり、福神として尊崇されることは、聖天（毘那夜迦神）とまったく同じである。

聖天が和合神としてミトウナ像であらわされるごとく、『南海寄帰内法伝』に大黒天は「性愛三宝護持」とされ、和合神であることを示している。

この性格の変化は仏教によってであり、またこれは仏教の常套手段であるが、大黒天も仏教ではいろいろの名によって呼ばれる。

莫訶歌羅天・摩訶迦羅天・摩伽迦羅天・摩多良神などとし、さらに密教では毘盧遮那仏の化身として降魔の神ともされ、そのレパートリーはしだいに拡張される。

《大黒天の像容》

そして現在一般的に認識される大黒天の像容は、いわゆる大黒頭巾（ベレー帽状のもの）をかぶり、狩衣か水干状の衣服に袴に沓を履き、右手に打出の小槌、左手に袋口を持って袋を肩にかけ、米俵の上に乗った姿となって定着しているが、それ以前の姿は打出の小槌の代わりに右手は女握りしたものであり、さらにそれ以前は中国の唐時代の服装で、右手に金嚢を持ち、左手に宝棒を持つ姿で、これが『南海寄帰内法伝』に説く姿に共通する。

密教の大黒天

このように大黒天が金嚢を持

つのも、女握りするのも、打出の小槌を持つのも、これらはすべて女陰をあらわしたものであることは諸学者の等しく認めるところである。

つまり金嚢（宝袋）は子宮を意味し、概念的に女陰であり、女握りは世界的に女陰の表現とされ、打出の小槌は一見何気なく見えるが、その表面に描かれた宝珠状の図案は女陰を示したものである。

しかし大黒天として密教で表現されるその形容は、こうした福神的性格を強く打ち出したものではなく、恐ろしい忿怒相である。

頭は髑髏をもって冠瓔珞にし、蛇をもって髪とし、耳璫臂に釧（くしろ）を付けた三面六臂の青黒い裸身で、右手は剣と人間の髪を摑み、左手は剣先を上から下に押さえ、別の手で羊の角を持ってこれを吊り下げ、別の両手で背上に象の皮を覆うという物凄い姿で、狂暴相であるからシヴァ

平安時代の大黒天
（福岡県　観音寺）

半跏大黒天
（滋賀県　明寿院）

室町時代の大黒天（右・女握り　左・小槌を持つ）

六大黒のうちの五人

の性格が残存する。また象の皮をかかげるのは頭からかぶらんとする意であるから、象頭つまり毘那夜迦（聖天）にも共通するし、シヴァが象に化身した魔神を退治して、象皮を剝いでこれをかぶらんとする姿でもあり、また象を意味することは毘那夜迦と同じく淫心をあらわすものである。

《三面大黒天》

これが大黒天としての認識が定着する以前の莫訶歌羅天の姿であろうが、後に武門三天神として日本で表現される三面大黒天の祖型でもあろう。日本の三面大黒天は室町時代頃からであろうが、正面は福相の大黒天、左は弁才天、右は摩利支天（男相）あるいは毘沙門天であり、毘沙門天とした場合には、日本の俗信である七福神のうちの三つを一体とした福徳願望の欲張ったイメージから構成された神像である。近世ではさらに六大黒というものが生まれ、乞食僧姿の比丘大黒、女性の姿をした摩伽迦羅大黒女、中国の貴族の服装をした王子迦羅大黒、稚児風の信陀大黒、中国の官服を着て右手に輪宝を持つ夜叉大黒などと名付けたものがあるが、これは僧侶が勝手に捏造したもので、大黒天本来のものでなく、近世以降の日本にだけ通用したものである。もっともインドのシヴァ神はいろいろに応変し、十一面観音も毘那夜迦女に変化するから、摩伽迦羅大黒女も大黒天の変化とみてもおかしくはないが、摩伽迦羅大黒という名称はおかしい。摩伽迦羅は大黒天の梵名であり、大黒は中国訳であるから、摩

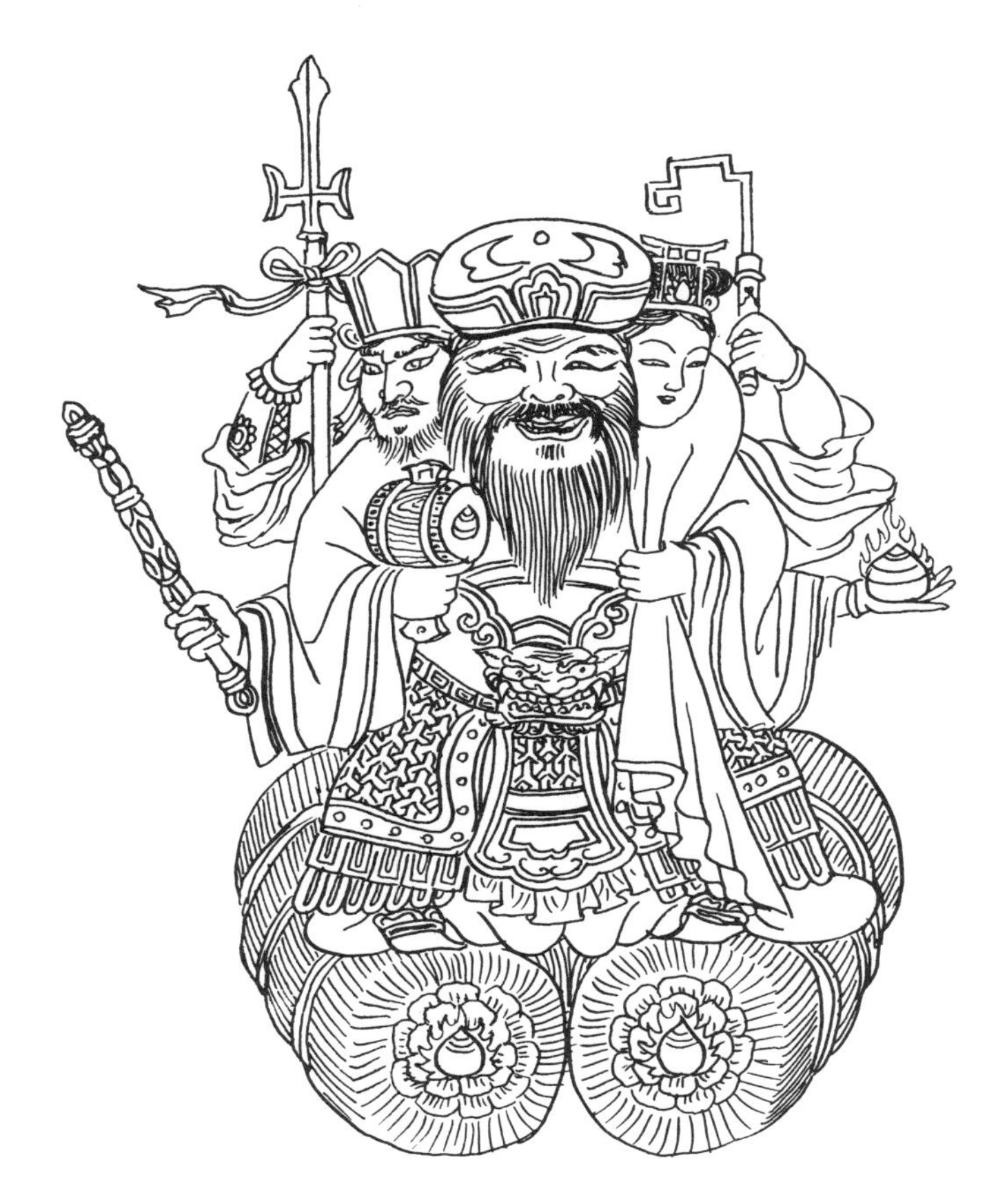

三面大黒（右・毘沙門天　中・大黒天　左・弁才天）

伽迦羅大黒とは重複した名である。

聖天の抱擁像を男毘那夜迦と女毘那夜迦とするごとく、大黒天も男摩伽迦羅と女摩伽迦羅の一体という意味で摩伽迦羅大黒女というのであろうか。いずれにしても日本で勝手に考案された大黒天の変身である。

《聖天と大黒天の共通点》

本項は大黒天について詳説するのが目的ではなく、大黒天と聖天についての関連、もしくは大黒天と聖天の混淆視についてのことを述べるのが主であるから、大黒天の概説はこのくらいにして、その共通点を述べよう。

まず聖天の付属である鼠と、大黒天の付属である鼠についてみると、どちらも主要な動物となっている。日本において大黒天と鼠が結び付けやすかったのは大己貴神（大国主命）を大黒天としたからで、大己貴神は兄たちの奸計によって野火で焼き殺されようとしたときに、鼠の誘導で穴に陥ちて危うく助かった因縁による。

また中国では子（ね）を鼠（ね）に当てはめ、子は北方で毘沙門天のいる方角で、毘沙門天の使いが鼠であるとみている。そして大黒の黒も北を意味するから混用し、大黒天と鼠の関係として結びつけた。

南方熊楠も『鼠に関する民俗と信念』の中でさまざまの例証をあげて鼠を通じて大黒天と

聖天の関係を説いているが、日蓮宗でも六十日の周期の始めである甲子（十干十二支の最初の組み合わせ）の日に百粒の黒豆を供えるのは黒豆を子（鼠）に擬したものである。

また聖天に供える物が蘿蔔根（大根または二股大根）であるが、大黒天にも近世は大根を供える。これはいつ頃から始まったか聖天の場合と同じで不明であるが、ともに近世からは盛んに行われた俗信で、『守貞謾稿』にも、

　毎月甲子日ハ大黒天ヲ祭ル、三郎トモふたまた大根ヲ供ス

とあり、『堀河百首狂歌』にも、

　大黒のけふもとりもつ子の日かな二葉の松を大根にして

とあって、甲子の日に大根を供えることは民俗として定着していたようである。

これは栄養価が高いからとか、豊穣を願うというような無理な故実付けでなく、大根は女体の肌に似ており、特に二股大根は女体を意味するので、聖天に共通する大黒天も淫心あるものとして、女体代わりの二股大根を供えて、子宝を得て子孫繁栄を願う気持からである。したがっていまでも山形県置賜地方の民間習俗として、十二月九日（初めは甲子の日がこれに当たったのであろう）には、〝大黒の嫁取り〟として二股大根を朴の木の葉に包んで大黒天像に供えるのは、大黒天も一種の性神的存在として認識されていた一例で、聖天に祈るのに大根を供えるのとまったく同じ目的で、男女・夫婦和合による幸福、あるいは安産を願う意味であった。

こうした習俗は新潟県北蒲原郡川東村にも、宮城県仙台市にも見られるというから、古く

は東北から北陸一帯で流行したものであろう。

それは江戸時代に民間に広く定着した観念で、葛飾北斎などは二股大根をかついだり、持ち上げたりしている大黒の図を描いており、昔商家では八百屋がお得意の家にお中元にくばる団扇にこの図が描かれたりして縁起物とされたのは、大黒をリンガ、大根を女体と見立てる意識からで夫婦・男女和合をほのめかしたのであるから願うところは聖天と同じである。

また大黒天（摩伽迦羅天）が三面六臂から一面二臂の正常な人体に変化したときに右手に金嚢、左手に宝棒を持つようになったのは聖天が歓喜団と宝棒を持つのと同系で、歓喜団（柘榴形のもの）が女陰もしくは子宮を意味すると同じく宝嚢であり、宝棒は婆娑羅（金剛棒もしくは杵）で男陰であるから、ともに和合神視され、大衆の願いも一致する。

特に聖天のシンボルマークである巾着は寺側で説くところの沙金を入れたものであるとすれば、打出の小槌や女握りする代わりの大黒天の持つ小さい袋は宝を入れた袋とも金を入れた袋とするのも同じである。

大根と大黒と唐子図
（肉筆葛飾北斎展図録より）

つまり巾着（沙金を入れた袋と説く）も宝袋も同じ意味のものをあらわしており、こうした点から聖天と大黒天は共通点があるのではなく、いずれかの投影であるとみるべきであろう。

天台宗で厨房の神として祀ったことから、民間でも台所に祀るようになって福神の代表として夷神として列べて尊崇され、後には厨房だけでなく床の間や長押に飾られて福徳神になるが、聖天と同じに扱かわれることは尊体を油で拭かれることである。

また『拾要集』に説く三面六臂の中聖天、左吒吉尼（荼吉尼）、右弁才天と三面大黒の中大黒、右摩利支天（もしくは毘沙門天）、左弁才天の像容配置の酷似は、大黒天と聖天の混同あるいは共通性を示すものであり、大黒天が後世陽根に擬せられる（シヴァ神はヒンドゥー教では陽根であらわされている）ことと、シヴァの息子としてやはり淫事を好む象頭としても、陰陽合を好むものから転じた福徳神の要素は同じである。

また聖天の象頭人身の双身抱擁像が造仏された場合に、その外辺輪郭がリンガを想わせる形も、大黒天を背部から見たときにリンガ状に見えるのも共通しており、この意識的外形は同じ時代頃から行われたのであろうと思われ、これも文観以降の立川流の民間への浸潤からなされたものであろうとも思われる。

円筒厨子

聖天の持ち物

以上述べたように聖天は蘿蔔根・歓喜団、および果盤を持つが、果盤は物を盛る受け皿としてこれは歓喜団を盛ったものであろうことは果盤を持つ像には歓喜団がなく、歓喜団を持つ像には果盤がないことによってもうかがわれるが、これは聖天の好む食物である。インドにおいて大根（蘿蔔根）が少ないのにこれを持つのは、あるいは中国、そして日本の密教によって生じた供物としての食物であるが、これは戦斧によって折られた牙の表現、あるいは女体か人体を想わせる持物であろうことは前にも述べたが、諸経よりみると他の持ち物はすべて武器であり、戦闘神であることをうかがわせる。

つまり二臂・四臂・六臂を問わず、必ず刀・棒・跛折羅（縛折羅）鉞斧・三叉戟・鈎・弓・箭・索・輪・髑髏などである。

索は羂索で、投縄や物を縛ったり障害物用に張ったりするもので、鈎は象を調教したりするときに用いるもので武器にもなる。

棒は杖術という武芸があるとおり、武器であり象の調教用の象突き捧でもある。

跛折羅はバサラで金剛杵で、独鈷・三鈷・五鈷杵があって煩悩を打ち砕き、天魔を降伏せしめる武器である。

刀・鉞斧（鉄斧・戦斧）・劔・刀・三叉戟はもちろん戦闘用具で、髑髏は盃や皿であり、また戦果の証拠品であり霊魂の宿るものであるから、聖天の持ち物はほとんど戦闘用具であり、佐藤任氏が狩猟種族の神であり、象をトーテムとする民族より起こった神であると想像することはそれほど無理なことではないであろうといっている。

そして毘那夜迦の別名である俄那鉢底や誐尼沙の「ガナ」は、団・群衆・仲間・大勢・種族の意味があり、「パティ」（pati）は主、「イーシャ」（isá）は神であるから集団あるいは種族の主もしくは神であるが、ガナ・サンガのサンガ（sangha）も結合・集合・堆積・大勢の意味があるとしている。

これに従えば、モニエル・ウィリアムスの“Sanskrit-English Dictionary”では「一定の目的で共同で生活している大勢の民衆」と説いているので、漢訳としては僧伽とし、日本では僧侶の集団の意から僧の意に用いられているが、ここで想い出すのは日本独特の流浪集団民の山窩である。山窩は古代より漂泊の特殊民族のようにいわれ、山野に原始的特別の集団生活を行っているが、このサンスクリット語の「サンガ」の語音が、後に日本の流浪集団部族に当てはめられて「サンカ」と呼ばれるようになったのではあるまいか。僧伽（サンガ）は僧侶の集団の名として後に僧（ソウ）という語に転じたが、音のみは別に用いられて漂泊民の集団に伝えられたのであろう。こうしたインドの古代語が日本語の中に用いられることは突飛な故実付けのように思われるであろうが、縛折羅（跋折羅）は婆娑羅・抜紗羅・風流（バサラ）の文字を用いて、驕奢・放逸・

伊達・風流の意にまで発展し、山や峠の名にまで用いられていることを思えばあながちに牽強付会の説にも当たるまい。

ガナ・サンガについては一応おくとして、インド正統派である支配階級では、俄那鉢底を障害の神として嫌っているのもシュードラ族で被支配階級の卑しい神として見られていたからである。

それが大黒天と同じく密教に取り入れられてからは護法善神となり、日本密教においては恐ろしい神である反面に信仰すれば福徳を授ける神となり、さらに現代では大衆の欲望を満たす親しみ深い聖天さんに変形し、その実のお姿は十一面観音であると説くようになる。

十一面観音説は『阿婆縛抄』にある観自在菩薩が毘那夜迦の障害を除くために毘那夜迦婦となって毘那夜迦と交わった話を、単身尊として観音を代表としてしまった換骨奪胎の説で、聖天のご利益はすべて十一面観音の功徳ということになってしまうので、障礙神としての性格は皆無であり、シュードラ族の神としての性格はまったくうたわれないのが日本の聖天の特色である。

また『大聖歓喜双身大自在天毘那夜迦王帰依念誦供養法』には、摩醯首羅天（シヴァ）と烏馬妃（パールヴァティー）の間に三千の子があり、千五百は毘那夜迦類でこれに毘那夜迦王がいる。別の千五百は扇那夜迦類で、これに扇那夜伽王がいる。毘那夜迦類は悪事をなすので、観音の化身である扇那夜伽王が、毘那夜迦王の悪をなだめるために、兄妹あるいは姉弟でありながら夫婦となったと『大明呪賊経』は説くが、大慈大悲の観音はこれでは近親相姦をなしたことになるから、人倫を説いて仏の広大さを知らせる仏教としてはこの説は少しおかしい。

民間にも秘蔵される聖天像

歓喜天を祀る諸寺ではほとんど秘仏とされてその尊体を拝むことは不可能で、特殊の行事で許された場合もお厨子だけしか拝めぬのが現状である。

しかるに明治の排仏棄釈のときに廃寺にされた寺や、淫祠と思われて寺から搬出されたのか、象頭人身の歓喜天像は稀に古美術商の店に置かれている所がある。

これらは寺に戻ることがなく、好事家の秘蔵品とされるが、歓喜天を祀ることは、いろいろの作法修法があって俗人には浴油供や祀り方がわからないことと面倒であるために、入手しても再び秘められたままに放置されている現状である。これらは白銅・青銅などの鋳造が多く、ほとんどが近世の作で、鎌倉期にまで遡るものはきわめて珍しいといってよい。

またインドやネパール産の毘那夜迦像の鋳造像は土産物品として稀に見られるが、作域粗悪のもので、インテリアの一種として求められるにすぎず、信仰のために入手するものではないらしく、異国の神としての装飾品的観念が強い。

したがって真面目な信仰対象とされず、毘那夜迦神の真の恐ろしさと功徳に対する知識は皆無である。

ここにも日本における聖天に対する観念の不思議さがある。

明治以前は、寺院以外に個人が信仰のために聖天像を入手して秘仏として拝んだのは、夫婦・男女和合の願いや福徳欲望からであったが、その威力を認識して、男女和合福徳成就してもそれは一代限りで、子孫七生までは貧窮にあえぐことを承知の欲深い利己主義者が祈るためであった。

こうした迷信はもちろん人間のつくった法則であるが、〝子孫のために美田を買わず〟という諺があるが、子孫が衰微し滅亡することになってもよいのなら、一代限りで富貴幸福にしてやるという人間性の卑しさを嚇す意味であるが、それでも自分一代は豊かに思うとおりに暮らしたいという利己主義者たちは、聖天に祈るのであるが、聖天に祈らずとも、こうした性格の現代人は多い。

また理窟っぽい現代人の考えからは、一代は富貴で二代から衰微するというのであれば、二代目も聖天を厚く信仰すればやはり富貴であり、三代目も四代目も子孫が長く厚く聖天信仰をすれば、いつでも富貴が続くのではないかと理窟をつけるから、聖天の恐ろしい威力も、霊験のルールもあまり利き目を有しない。故に現代の聖天様を説くに、二代以降衰微論はまったく触れずに、ただ一家和合、商売繁昌とご利益をうたうのみになっている。

淫像としてみられた聖天

シヴァ神とパールヴァティーの抱擁像や、ウマー・マヘーシュヴァラ像、チャンダマハーロシャナ（不動尊）・シャクティ、チャクラサンヴァラ（勝楽尊）・シャクティ、またさまざまな神のシャクティ像を見馴れたインド、ネパール、チベットにおいては、ミトウナ像は何の卑猥さも感ぜず梵我一致の尊像として有難い対象であるが、儒教と中国密教の大成した中国と日本においては、神仏のミトウナ像および性の営みを感じさせるセクシーな像容の表現は務めてこれを避けているので、一時全国的に風靡した立川流は別として、尊像には具体的なセクシーなものは皆目見当たらない。

聖天の双身像はきわめて特殊なもので、そのミトウナ像からは一見ミトウナ像とはうけとりにくく、童話の世界の二頭の象が抱き合っているごとく微笑ましい像であるが、これがミトウナ像と直感する大人の感覚によって、淫像視されて、秘仏とされて決して公開しないのである。大人は聖天のこのポーズが何を意味しているかを多少にかかわらず知っているので猥褻感が先に立ってしまうのであるが、これを純心な幼い子供に見せたならば、童話の象の仲のよい姿としか映らぬのである。

淫猥と感じるのはセックス行為を享楽用に行使する知識を知っている大人が感じること

で、これは儒教の影響からであろう。これは中国も同じであるが、チベットから蒙古、満州に浸延していったラマ教の地帯では、聖天が素直な姿で信仰されており、現在でもそうした廟は残っている。これを誇り高い昔の中国文化人からは淫祠・邪教的に見られていた。その例は江戸時代の博学者北村信節の『嬉遊笑覧』巻之七（祭会）の項に述べられている。

聖天　○淫像（尊卿賛筆）　遼陽城中一古刹　巍煥壮麗守衛厳粛　百姓膽礼者倶於門外焚香叩頭而去　有范生者遊其地　欲入不可得　請一顕者乃入見内　塑巨人二長各数丈　一男子向北立　一女南面抱其頸　赤体交接　備極淫褻状　土人呼為公仏母仏　崇奉甚謹　嘗閲（留青日札）載　嘉靖十五年大善殿　有鋳像極其淫穢鉅細不下千百　夏文愍公言建論焚之以清宮禁　尽付諸火　其像号歓喜仏　乃元之遺製又鄭所南（心史）載　元人於幽州建仏母殿　鋳仏裸形與妖女合淫状　種々繊毫畢具即此類

○もろこしには泥塑像多し　ここにも大和国なる古刹には鳥仏師が作なといへる塑像あり（禅喜集）に東坡至一寺門粧塚金剛二尊云云仏印云時人有詩嘲曰　張眉努目挺精神　担合従来仮其真　剛彼法門借権勢　不知身自是泥人

とあり、中国でも日本においても、現在の法律にある猥褻物陳列罪と同じく、性的に極端な表現や、ミトウナ像は猥褻なる淫神淫祠として忌避したのであるが、そうした文化人的感覚は一方において『金瓶梅』や『遊仙窟』その他の情艶書が流布していたのであるから、満州族がチベット宗教の影響をうけて歓喜天尊像があったとしても決して淫神などと称して軽蔑するには当たらない。これは日本においても同じであるといえる。

陰陽一致して梵我一体となるという宗教哲学はすばらしい哲理である。

ただ北村信節の引用した淫像歓喜仏は、はたして聖天（毘那夜迦・俄那鉢底）であるかどうかは疑問で、チベットより伝わったミトウナ像の神は聖天だけでなく、他のすべてのミトウナ神像を、表現どおりに歓喜仏といっているのであるから聖天でないかも知れない。

日本密教においては秘仏として公開しないことにより、信者に有難味を増さしめこそすれ、往々にして誤解、軽視を招くおそれを防止する法として賢明の方法であるといえる。

第五章　聖天と十一面観音

聖天の実体

聖天（毘那夜迦王）が象頭人身の双身抱擁像で表現されている姿に対しての解釈は、仏教の偉大なる大慈悲心と功徳を説かねばならぬ教義の上からは、インドの宗教哲学的説き方では満足しないとみえる。特に日本密教においては性に対してはあからさまに説くことも、視覚的に示すことに対しても拒否反応をするので、抱擁像にしかすぎぬ像であっても公開をしない。

そしてこれを説くに、毘那夜迦の狂暴淫欲をなだめて、仏道に帰依し、仏教護法神とするために、十一面観音が女毘那夜迦に化身して交わっている姿であるとし、そのためにある寺院では聖天の本尊は十一面観音であると苦しい故実付けを行っている。この理論からいうと聖天の実体は十一面観音であって、男毘那夜迦は聖天そのものでないことになる。それでは単身の象頭人身も聖天（男毘那夜迦）でないことになり、大聖歓喜天とは一体何かということになる。

インドの宗教説話および多くの経に出てくる聖天はこの男毘那夜迦であるし、日本に伝わった密教でも同様にみているにもかかわらず、十一面観音の化身の女毘那夜迦をもって聖天の本体として往々前立本尊に十一面観音を配するのは矛盾も甚だしいものがある。

なぜ経に説くごとく、また過去の名僧たちが説くごとく聖天の本体は男毘那夜迦であって、その狂暴淫欲を鎮めるために十一面観音が女毘那夜迦になって交わり、男毘那夜迦を善神に立ち返らせたその姿であると素直に説き、その実体を拝ませようとしないのか。その方が十一面観音の広大な大慈大悲の有難さが大衆に理解されると思われる。

また一説では男毘那夜迦は、大日如来が大衆の苦を除くために大自在天（魔醯首羅 Mahesvara）に命じて（あるいは大自在天となり）、男毘那夜迦となり、一方、十一面観音（Ekādaśankha）が大慈大悲心をもって凡夫を救うために女毘那夜迦となり、二尊が抱擁しているのであるから象頭人身はかりの姿であり、実の姿は大自在天（もしくは大日如来）と十一面観音であると説く僧もある。

こうした説き方であれば権実二様（ごんじつ）のややこしい言い方でなく、はじめから大自在天と十一面観音を列べればよいのであって、何も秘仏としてははばからねばならないような象頭双身でなくともよいはずであり、また聖天を称する必要もないのである。

聖天の功徳を知らせ、聖天を信仰させ、聖天を称するのであれば、それは大自在天でもなければ十一面観音でもなく、男毘那夜迦と十一面観音の化身の女毘那夜迦の合体尊そのままでよく、そのお姿を拝ませるべきである。

聖天信仰は十一面観音の大慈大悲の功徳そのものではなく、十一面観音との約束によって仏教系の尊天に変わった毘那夜迦そのものの広大な慈悲力による諸願をうけ入れかなえさせてくれる力に対してである。俗信化した大根を供え、浴油料を捧げるのも十一面観音に対してではなく、毘那夜迦すなわち大聖歓喜天、俗にいう聖天様に対して奉納し功徳を願うのであるから、本尊はあくまで象頭人身の聖天そのものである。

男毘那夜迦の悪欲を封じたから十一面観音がご本尊であると説く寺があるが、それは牽強付会も甚だしいものがある。

象頭人身や双身抱擁像であっては尊厳を傷つけるとか、神聖視しにくいというのは少しおかしい。抱擁像であるから公開できないというのもおかしい。

世界中の古代民族で動物をトーテムとするものは多いし、それから生じた動物神を祀る宗教も多い。龍（架空動物であるが）も蛇も、鼠も、犬も、馬もいろいろの動物が祀られており、それはそれらの威力霊験を具象化した形として祀られていて少しも不自然ではない。仏教においても猪頭・馬頭・牛頭の仏神もいる。なぜ象頭が秘仏とならねばならないか。なぜ抱擁像が非公開とされるか。ある寺はいう。昔から公開してはいけないことになっているから、住職すら見たことがないから、恐ろしい威力があるから、有難い霊験ある仏神に対して冒瀆であるから、等々いろいろの理由をつけて秘仏となっている。

秘仏とせざるを得ない理由の底流には、明治の排仏棄釈の観念から淫祠邪教が廃棄された時代があったが、そうした恐れが潜在していて、淫像と誤解される恐れからではあるまいか。双身抱擁の真の意味は、経義にあるごとく十一面観音の化身との交わり(ミトウナ)であるが、造像上では単に抱擁の姿にしか見えない。インド、ネパール、ラマ教の蒙古、満洲にまで広がっている明らさまな交わり(ミトウナ)像ではないし、道祖神視される陰陽石や、インドのシヴァとパールヴァテイーをあらわす、抽象化された陰陽の神体とはまったく異なる抱擁表現の尊天像である。

もしこの像を性に対する知識のない天真爛漫の幼児に見せたら、動物の童話に出てくる、動物を擬人化した愛情の抱擁として、ヒューマニズムのロマンの象徴としか見ないであろう。それは永く別れていた象の兄弟、あるいは姉妹・姉弟・兄妹のめぐり合いの抱擁としての表現、あるいは群をなして歩く野性の象の仲間同志の愛情の表現として、アメリカの色彩童話映画のジャンボのごとく、親しみの目をもって眺め、大人のような予備知識によって生じる不純な見方は決してしないはずである。これは少年少女にしても、また他宗教、あるいは仏教知識のない者や、聖天抱擁の由来を知らない者にとっては、この抱擁が何を意味するか、まったくうかがい知ることができないほど巧妙に単に抱き合っているごとく表現されているのであるから、何も非公開とするには及ばないのである。一見した場合にこの抱擁像が直接にセックス行為であると見る人は、僧侶かその由来を知つている人のみであって、性行為をこのくらい巧みに抽象化した像は他にはなく、猥褻感のまったくない神聖な像である。

　地方の路傍に建てられている道祖神に類する石碑には、男神と女神が手を取り合ったり抱擁しているさまが彫られているが猥褻感はまったくなく、むしろ微笑ましいくらいの親近感と祖先への素朴な愛情を汲みとることができるごとくである。それと聖天の抱擁像は違うという人もあるかもしれないが、親近感をこめた愛情こそ信心の最も大切なところである。またヒンドゥー教のごとくこの抱擁像は陰陽合体の梵我一致を示したものであると説くのも一法であろう。

　いたずらに聖天の威力の恐ろしさを説き、あらゆる低次元の願いも聞き届けてくださる神として説く、矛盾した説法と、より神秘的に祀り上げて秘仏とするより、公開して信者の目に親しみをもたせた方がより効果的ではあるまいか。路傍の男神女神の石彫のものに、ほのぼのと温い気持で、そっと手を合わせたり、野の花を摘んで供えるほど日本人は未だ神仏に対して純心である。

　まして荘厳された堂内で厳粛な雰囲気で見上げる聖天抱擁像に対して、性的不純さの目をもって見上げる人があるであろうか。あるとすれば聖天を信じない人である。

　それを秘仏としてお厨子だけ拝ませることによって、かえってあらぬ想像を起こさせるもとである。

　本来、神仏は本体の見えぬものであるが、単的にその存在を認識させるために造像したのである。その造られた像をもって神仏をあらわし、また神道における鏡や御幣、ときには樹木・岩・山・川などをもってご神体とするごとく、そこに神仏があり、それに対面するという意味で対象物を必要とし、仏教においては造像を対象物としたのである。したがって対象物が拝めないということは信じる心と仏との繋がりをシャットアウトしたことになる。

聖天を祀る場合に、たいていは厨子の扉を締めて非公開とし、その前に前立本尊として十一面観音を配するが、それでは聖天を拝んだことにはならない。十一面観音に報賽するなら大根や浴油供でなく、別の報賽法があるはずであり、また前立本尊という聞こえのよい言葉を用いるが、厨子の扉を閉じてその前に十一面観音を置くことはご本尊の代わりということであろうが、門番的立場で、かえって十一面観音に対して冒瀆である。

十一面観音は聖天を教化したのであるから観音の方が上位である。

もし聖天宮に観音を祀るのであれば、十一面観音を奥の院の高い壇に祀り、その前の下の壇、脚元に当たる所に聖天の厨子を配すべきであろう。

また聖天を祀る寺院はほとんど秘仏として信者の目に触れないようにしてあるが、明治の排仏棄釈によってか多くの歓喜天像が民間に流れ、秘蔵されたり、ときには古美術商の店頭に列べられていて、意外と大衆の認識は深い。

ほとんどが白銅か青銅の鋳造製で、お厨子も円筒状であるものと、お厨子を失って尊体そのままのものがあり、ときにはインド、ネパールなどからの船来品で、これは象頭人身の単身のものが多い。船来品の場合にはお厨子に入れるとか仏壇の一隅に祀るのではなく、ほとんど室内に配する古美術品的アクセサリーに用いられ、その権威はすこぶる失墜している。つまり異国の神像的感覚で眺められ信仰対象となったものではない。

こうした傾向と風潮があるからこそ、寺側では伝来の聖天をいよいよ秘仏として非公開にしてその尊厳を守らざるを得なくなったのであろうし、十一面観音を添えて聖天の存在を護らなければならなかったのであろう。

聖天と浴油供

《浴油供の修法》

聖天に祈る修法として浴油供ということが行われるが、これは密教だけで行う行法らしい。四月八日にお釈迦様の降誕を祝って甘茶を幼体の本尊に灌ぐ灌仏会と違って、これは公開ではなく秘密裡に行われ、俗人には一切公開されない。

聖天像に油を灌いで修法する意味で浴油供というのであろうが、秘事中の秘事らしく、一山の僧でも住職が夜秘かに行い、他の僧はこれを行うことができないから、あたかも一子相伝のようである。故にたいていの仏教の事典にもこれについて解かれていないし、あらゆることを典拠を示しつつ説く『大言海』においても浴油供の項には、

浴油行法、聖天ノ像ニ、熱油ヲ注ギテ、祈ル修法

としか記されていない。

では浴油供とはどんなことを行うのであろうか。

字義通りいえば、単に油を聖天像に灌ぎかけて祈ることと思われるが、それには密教らしい、ややこしい作法があると思われる。

儀軌に見る毘那夜迦はあらゆる願望をかなえてくださる大衆にとってはこの上なく便利で有難い神であるが、もし修法に欠けるところがあると忽ち障害をあたえる恐ろしい神でもあるのであるから、誰が聖天に対する作法を考え定めたのかわからないが、その作法通りに行わねばならないのであるから、おそらくその浴油修法も厳粛かつ真剣で、相当修業した僧でなければ、聖天も受け答えてくれぬのであろう。

故に浴油供修法の経過について云云することは避けて、なぜ聖天に浴油するかについて考えてみよう。

それには聖天に対してなぜこの法が行われねばならないかということである。

すでに述べてきたとおり、聖天はインドにおいて生まれた仏神である。そしてインド、ネパール、チベットにおいて古代インド宗教およびヒソドゥー教、ラマ教、仏教において祀られ、日本仏教においては聖天または歓喜天として大衆に親しまれ、幸福と繁栄、夫婦和合と愛情の神として特に水商売の者にとって熱烈な信徒を有しており、その浴油供は浴油料を報

賽することで、その繋がりが定着している。

こうした信心体系がはたして聖天の伝来した経過の国や、そのルーツであるインドにも行われているものであろうか、または日本密教の独得のものであろうかということも知る必要がある。

とにかく聖天は古代インドに生まれた神であるから、インドにおける浴油あるいは浴油に似た形式を探るのも一つの方法である。

《浴油・浴水の意味》

インド古代宗教の流れを汲むヒンドゥー教と、仏教の混淆した現代のインド宗教の中で、最もよく見られるのはインドの宇宙観による性の重視であり、その普遍的一例として、シヴァ神とその妃パールヴァティーまたはそれに類した女神との交接像（ミトウナ）は寺院によく見られるところであるが、それを抽象化したものに、石皿上の中央に聳立する石棒がある。石棒はリンガであり、石皿状のものはヨーニである。リンガはシヴァを意味し、石皿状のものはパールヴァティー、あるいはそれに類した女神であり、中央に聳立するのは交接（ミトウナ）を意味し、シャクティ（性力、女性性力、パワー）を示したものである。

子供を生むことを希う者や、願掛けの女性はこれに水をかける祈り方がある。

水を石捧（リンガ）の頂上からかけると、水は石棒の表面を伝わって石皿状に流れ、石皿

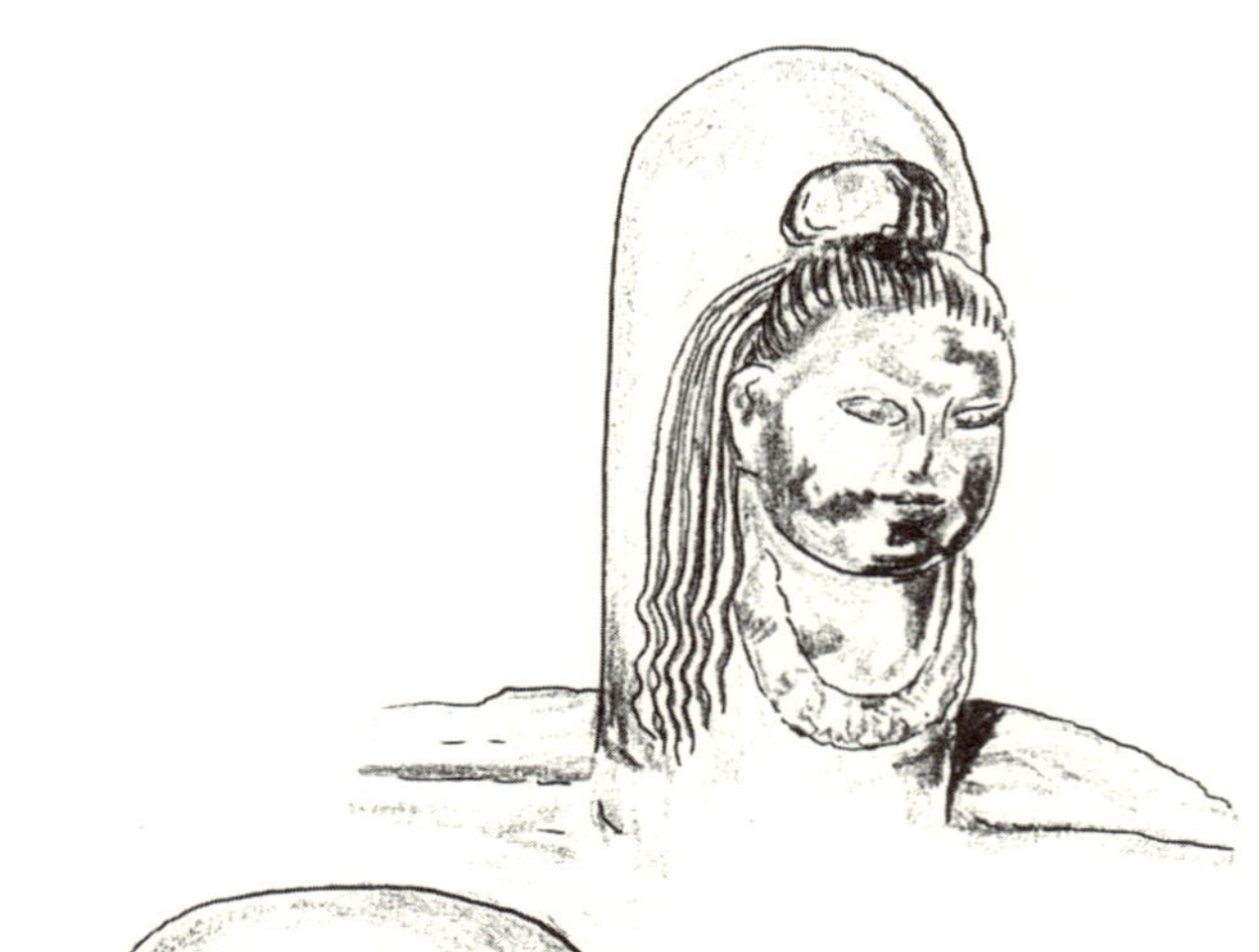

シヴァ・リンガ
〈上〉インド・ウダヤギリ第四窟
〈下〉アツラハーバート博物館蔵

状の一方の排水口から滴り落ちる。

この水を灌ぎかけることは、聖天に行う浴油供に共通する浴水供とみてよい。水を灌ぐことは、水をもって浄める意味もあろうが、リンガとヨーニの結合の円滑をはかることの潤滑油でもあり、双方の愛液の表現でもあろう。

そういう意味からいえば水より油の方がより現実的であり合理的にみえる。

これを双身聖天に置き換えてみよう。象頭人身の毘那夜迦は二体が離れたまま抱き合っているものも稀にある（埼玉県東松山市　歓喜天堂所蔵）が、ほとんどの場合下半身はぴたりと密着している姿であり、これは衣装によって隠されているが、リンガとヨーニの結合すなわち、ミトウナ像であって、象頭の細い目は歓喜をあらわしたものであり、つまりインド寺院に見られる石皿状における石棒であるリンガとヨーニの結合と同じで、立位の結合は縦の構図が横になったものである。これに油を灌ぐことは水が油に代わったにすぎない。

遠方から見るとリンガに見える
歓喜天像（埼玉県　歓喜天堂）

これは男毘那夜迦と、十一面観音の化身である女毘那夜迦のミトウナに対して、より効果的に歓喜に導き、男毘那夜迦の障害心を忘却させて、十一面観音の教化（女性の甘美感より生ずるシャクティで善神に立ち返らせて、大衆の願いをききとどけてやる気持を持たせる）に没頭するように拍車をかける愛液のぬめりを油によって代表させたものであろう。油のぬめりは柔らかさであり、濃厚の表現であり、水よりは乾燥が遅くそして細部まで浸透する。熱油は熱情、温みである。インドは熱帯であるから水でもよく水浴も行うが、温帯では湯の方がよく、湯は気持を和ませるごとく油も温度の高い方がよい。冷酷という言葉があるごとく温帯においては冷たいものは不親切であり、よくない意味に用いる。中世の西欧で魔女流行の時代に悪魔と交わった魔女の告白に悪魔の精液は氷のごとく冷たいというのがそれである。熱帯のインドの寺院においてリンガとヨーニの石造物に湯を沸かして灌ぐわけにはいかぬから水を灌ぐが、日本において聖天に灌ぐ油は高温にする由であるのは、ミトウナの熾烈さを示すためであろう。

そして灌ぐ油は胡麻油であるのも、胡麻は種子が多いから多産を意味し、胡麻は護摩に通じる。

日本における聖天への浴油供は、十一面観音の行為に対して、より歓喜の効果を高からしめて聖天の好むところを助長させて喜こばせ、その見返りとして願いをかなえてもらおうとする意図からの方便かとも思われる。

これは人間の卑しい打算のようであるが、東洋の宗教はほとんどこれと同じ考えである。インド、ネパールなどの僧侶は毎日托鉢して、仏への報賽や僧の食料は得られるが、日本においては修業中の僧か禅宗の僧でない限りほとんど托鉢はしない。冠婚葬祭か命日に檀家を回って祈り、報賽としてお布施料を得て賄っているのであるから、あとは寺にいて参詣者の報賽を待つようになる。報賽は仏様への捧げものであるが、いつしか僧侶の費用に当てられ、つまり生活費となってしまっており、また信者の方は神仏に願うための引出物、挨拶代わりになった傾向がある。報賽して祈るのはすべて欲望をかなえてもらいたいからで、聖天に対しては歓喜の手助けをして祈願するのであるから聖天は好色の仏神と思われていたに違いない。

動物学上で象は好色であるかどうかは知らぬが、少なくともインドにおいては象は好色と思っていたからこそ、毘那夜迦は首をはねられたときに、眠っている象の首をはねて、それをつないで象頭人身にしたという神話の寓意の底には、狂暴障害になる原因として女色に対する欝積が潜んでいたとも考えられる。生物は欲情の抑圧によってさまざまの悪事をはたらく。こうした原因を遙かの虚空から見そなわした十一面観音が、これでは他の神々も人々も迷惑するから、その障害狂暴さを封じなければいけないと、広大な大慈悲心を起こして、女身（女毘那夜迦）となって、約束を前提に心行くまで交わって歓喜に浸らせたのであろうから、歓喜の持続のために浴油で補うものとも考えられる。故に灌仏会やインドにおいてシヴァの代表としてのリンガに水を灌ぐごとく、願う人々が直接に浴油するのが本当であるが、秘仏であるために住職が代わって浴油供を行うので、人々は代弁してもらうために浴油供料という金額を払う。貨幣経済が発達してからの方法であろう。また浴油供として油の代わりに酒を灌ぐこともある。

酒はある程度血行をよくし神経を麻痺させ快よい状態にさせる法で、過度でない限りはミトウナの折には春情を促進させるから、これも聖天に灌ぐのはよい捧げものであろう。神には神酒として捧げられるが、仏教においては酒を捧げることは別として、浴酒させることは聖天のみであろうが、『リグ・ヴェーダ讃歌』にあるようにこれはソーマ（蘇摩）を酒に見立てた意もあろう。ここにもその意義が何であるかを汲み取ることができよう。

また油を神像に用いることは大黒天にも見られるし、田村栄太郎氏によるとキリスト教にもあるし、『書紀』の石上神宮でも行うといっているから、油を用いることはあながち歓喜助長のためばかりではなく、生産・再生・幸福などへの燃え立つ原料とあらゆることへの潤滑の意もあろう。つまり潤滑とは障害のない意味である。

浴油の意義を推定でこのようにあからさまに述べることは一見すこぶる卑猥のように感じられることであろうが、それは性の認識の乱れた現代人においてこそ卑猥に感じるのであって、それはそう思う方が間違いであり、性は本来神聖のものであり、インド古代宗教はすべて性に帰結しているし、フロイトの学説を待つまでもなく、本能のエネルギーの本体はリビドー（libido）によって行動として起こされるのであって、その性欲の潜在意識を上手に消化することは人間にとって重要なことである。

聖天が十一面観音によってリビドーのあらわれである障害行為を、一転して人のためになる善神として方向転換したことは、十一面観音の広大無辺の大慈悲心であることは論をまたぬが、これによっても聖天はもとは好色神であったことがうかがわれ、日本における東北地方の金精神民話を想わせる。

村に金精神が祀られていたが、この神はすこぶる好色で夜な夜な村の婦女を犯して歩くので、鎖で繋いでからその女犯は止んだという話であるが、これは夜這い風習から金精神がその罪をかぶったものである。

素朴な地方形態から、十一面観音を担ぎ出すことの考えに想い至らなかったので鎖で繋いでしまったのであるが、宗教としての根元は異なるが、日本の金精神はヒンドゥー教のシヴァ神をあらわす石棒状の神体と同じであり、古代人や純粋の民俗信仰には性に対する認識が大きく占めていることがわかる。

故に聖天への浴油供に対して右に述べたような解釈は決して卑猥な見解でもなければ、聖天に対して冒瀆でもない。

もし冒瀆と解するのなら、日本においてはなぜ聖天の単身像よりも、双身ミトウナ像をつくるか。日本仏教の仏神像の中でたった一つ双身ミトウナ像が許容され、しかもその尊厳と霊験を維持していることを考えれば、以上述べた解釈が決して卑猥な推理でなく、その正当性を認めているからであろう。

また仏神を奉安するお厨子はお堂形か、印籠状の楕円、方形であるのが一般であるが、聖天を納めるお厨子は屋根付きの円筒状であるのがほとんどである。二体が抱擁するのであるから楕円か、矩形の底面を持つべきであるが、なぜ円筒状であるかということである。これはシヴァ神がリンガで代表されるように、同じくリソガ状に見立てたものであろう。この浴油は公開して祈る寺もあるらしく、西岡秀雄氏の『図説　性の神々』の中に、

約一升のゴマ油を円形の壇にとり、その中へかの夫婦像をおき、銅のサジか銅のヒシャクで、一日七回（毎回百八回かける）像に油をかける。これを七日間つづける。それからお供物のこと、祈願のこと、偈言（仏教の詩歌つまりお経のこと）をとなえれば神力をえ、利益をうることなどがくわしく書いてある。

これによって、信者は金属製や木製の歓喜天をつくり、ゴマ油一升を一日に午前四回午後三回づつ、計七回にわたり、毎回百八へん―つまり一日に七百五十六回、その像に油をかけ、しかもこれを七日間つづけるというのだから、相当根気のいることだ。経文も百回や千回ならまだしも、十万べん、二十万べんを日夜となえて、その功徳をうるというのだから、これもまたなかなか容易なことではないと思われる。

とあり、これはかなり具体的に『大聖歓喜天使咒法経』にあるとして述べているが、待乳山聖天発行の『大聖歓喜天使咒法経』唐南天竺国三蔵菩提流志奉　詔訳には以上の方法については一切触れていない。

つまり待乳山聖天では住職が秘密裡に浴油をし、信者は浴油料を奉納するから、信者が自ら浴油をすることを認めない故に、浴油および祈禱法を公表しないのであろう。

そしてこうした聖天を祀る寺院の多くが、本尊を十一面観音、あるいは不動明王などとしながらも、『大聖歓喜天使咒法経』や『大聖歓喜天礼拝作法』、または『歓喜天和讃』なる経本を売っている。

聖天像が秘仏としての理由

単身の聖天像は別として、象頭人身の双身ミトウナ像が秘伝として公開を拒むのは、恐ろしい力があるから大衆に見せないためではない。

恐ろしい力を有している仏神は他に数多くあるが、ほとんどが公開され、祈る折に視覚による存在の確認を許している。

目で確認することは信者をして安堵させることでほとんどの仏教が尊像を安置することでもわかるとおりであるが、双身聖天にかぎってなぜ秘仏とするか。

これはヒンドゥー教や、ラマ教と異なって、日本人には、ミトウナ神像に対する視覚的尊厳と、それに対する印象および理解度がまったく異なり、尊信態度に影響を及ぼす怖れがあるのを配慮して公開しないのであろう。

この反面精（性）の神としての陰陽石崇拝は古代から連綿として続いており、見なれたが故に不自然さを感じない。

にもかかわらず、インド、ネパールなどに旅行して寺院にシヴァとパールヴァティー、その他諸神のミトウナ像に接して、そのあまりにも露骨なのに驚くという矛盾があるが、抽象であれば許容できるが、具象であれば常識的に認めにくいという感情があるらしい。

したがって聖天双身抱擁像は一見向かい合って抱き合っているごとくに見えるが、実際は交接（ミトウナ）を行っているという姿であるとの認識が見る者の意識にあるから、インド、ネパールなどの寺院のミトウナ像に対する露骨さへの驚きと共通し、仏神でも性の営みがあるのかという素朴な疑問からくる尊厳の稀薄性を恐れたことから、非公開となったものであろう。

金龍山聖天

本龍院

本龍院の聖天（東京都）

秘仏のため歓喜童子の姿とし、聖天をあらわす意味として頭に象の首を二つのせ、四臂には矛と金剛杵、二股大根と砂金の袋を持つ

これは性の神秘性と性に対する重要性をあまりにも知らなさすぎるばかりか、性を享楽の道具に使いすぎる大衆にとってはミトウナ像は誤解を招くおそれが多分にあるからである。そうしたミトウナ像を拒否する日本において、ただ一つだけの例外として聖天の抱擁像があるということに不思議さと疑問を感じ

なければならないはずであるが、秘仏なるが故にあまり気にしないらしい。

日本仏教のほとんどが仏像とは厳粛で荘厳な、そして慈顔あふれるばかりの尊容か、あるいは不善の者をして畏縮せしめるほどの威容をあらわすようにつくられ、性的感覚は極端に避けている。これは日本の仏教美術上でも世界に冠たるすぐれた点でもあり誇りでもある。しかるにこれらの思考から逸脱して聖天像のみは性の姿、否性交の姿をそのままに表現して尊天として礼拝の対象とし、大衆の信仰を集めているのはなぜであろうか。

これは考えてみるとインドをはじめとする仏教系の国々とまったく逆の現象である。

前に述べたごとくそれらの国々では、シヴァとパールヴァティーの性交像をはじめとし、不動尊ほか幾多の神々の性交像がある中で、毘那夜迦（聖天）の抱擁像はほとんどが単身の象頭人身であって性的感覚はまったく見られず、むしろオトギ話の中の動物神的表現である。

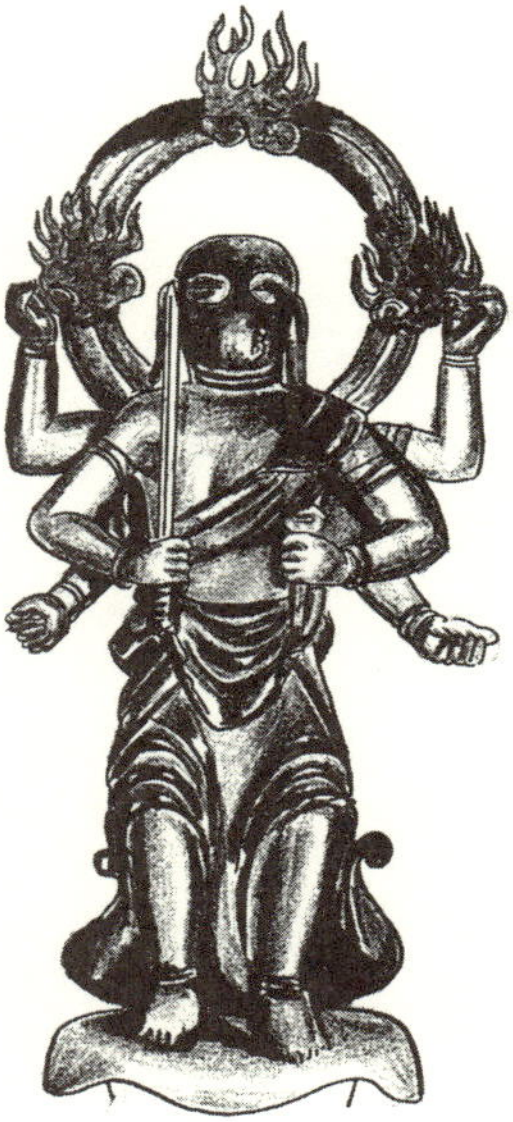

この逆の現象は一体何を物語るものであろうか。

これはシヴァ神がリンガで象徴されているように性を起点とする思想の代表としての神ではなく、単なる障礙神、魔類の王にすぎなかったからであろう。

単身立像の聖天
（埼玉県　城恩寺）

仏法に帰依させて善神に転向させるためにたまたま観世音菩薩が性（セックス）の方便を用いたにすぎないのであって、性を根本原理として示す対象の神でないから、ミトウナ像でないことと思われる。毘那夜迦の全篇の物語としてはインド神話の中では女毘那夜迦との交わりはほんの一挿話にすぎず、善神に変わる転機にすぎないから、性の根本原理を示す神として扱われなかったものと思われる。

これに対して日本においては経典に伝えられる（インド神話の）観世音菩薩が性（セックス）の方便をもって善神に転向させたことに関心を強め、性（セックス）に弱い（拒否できない）つまり性（セックス）の好きな神として見るようになったのであろう。

リンガに象徴されるシヴァ神は、日本においては仏教の経典によって大自在天に表現され、性（セックス）の感覚は微塵も見られないし、抱擁像もない。わずかに大威徳明王の足下に、その妃烏摩と踏まれているだけであり、これはネパールの十大神のダサマハーヴィデァが自らの首を刎ねているチンダーマスターカ（Chindāmastāka）の足下で交合するシヴァと女神の伏仰体位と同じであるが、日本の場合には性（セックス）的表現は避けられている。

これほどまでに性（セックス）の表現を忌避する日本仏教の中で聖天のみが抱擁像として表現されることは観世音菩薩の性（セックス）の方便が非常に大きくクローズアップされ、観世音菩薩の大慈大悲の効験を強調した結果にほかならない。

またこうした表現が何の抵抗もなくあらわれるようになったのは、日本の仏教界の時代相にもよるものであろう。

前にも記した埼玉県大里郡妻沼町の歓喜院の錫杖歓喜天は、建久八年（一一九七）丁巳四月八日辛亥　鋳匠　和気末友藤原守家済昭則友の銘が鋳ってあるものである。

建久八年は源頼朝の晩年、後島羽天皇の時代でつまり鎌倉時代の初めである。

この頃はすでに後世いうところの立川流（仁寛と立川の陰陽師見蓮の合作と伝えられる男女の結合をもって悟りの本源とした。拙著『性の宗教真言立川流とは何か』参照）が流布し始めた頃であり、これらの影響から、観世音菩薩は性の方便を駆使してまで障礙神を善導したという性の威力が大きく認められ、宗教的に性の関心が強まったので抱擁像という造仏が行われ始めたのであろう。

しかもあくまで尊厳を主張する造仏者たちは、インドなどのごとく、人面の抱擁では視覚的に尊厳を傷つけるので、神話通りに象頭とし、その実態である性交も立位として裳で部分を隠し、一見仲良く抱擁しているにすぎないように見える像としたのは造仏者の苦心とする所である。

こうした像容であるから、日本仏教の造像の中でははなはだ異端的なポーズであるが、奇異にあまり感じないで鎌倉時代以降現代に至っているのである。

ではそうした仏像をなぜ秘仏とせざるを得なかったかというと、この一見異形の仏像に対しては、予備知識のない大衆には、なぜ象頭双身が抱擁しているか、なぜこの像が有難い仏尊であるかということについて、信仰する前提として必ず疑問を抱くとともに、僧侶に質問するか、僧侶の方から信仰させるために説明するか、いずれかせざるを得ないであろう。そうしたときには経文を引いて十一面観世音菩薩のこの献身的大慈悲の物語を聞かせ、また毘那夜迦の善神としての「よろずの願い」をかなえてくださる偉大なることを説くであろう。

これによってこの像が交接像であることが理解されると、一般大衆にとっては猥褻感にもうけとられかねない。性に対する真面目な観念や、インドのタントラ密教の主旨のごとき性の理解は日本の大衆には無理のことであるから、神仏は神聖で厳粛のものであるという通俗観念が先に立って誤解のもとになる。

故に見せない方が尊厳さを維持できるということになる。

こうしたことからしだいに秘仏とする寺院が多くなり、現在では大部分が非公開である。恐ろしい仏神、有難い仏神であるからやたら公開しないとした方が神秘の霧に包まれていて尊厳と恐ろしさは強いかも知れない。

そしてたいていの有名な寺院では、聖天様を祀るということで多くの信者を引きつけているが、前立本尊としては十一面観音とか不動尊とする。

本来、十一面観音を本尊とするのは、聖天に利益を願い、浴油供を行ったり、特殊の供物をすることに対しておかしなことであるが、考えようによっては、十一面観音の広大なご慈悲によって毘那夜迦が善神として諸人の願いを聞きとどけてくださる神となったのであるから、象頭人身の抱擁像を拝むより、それよりはるか上位の十一面観音像を拝ましめた方が視覚的には信仰心を深めることになろうということではあるまいか。

また不動尊を正面に配するのも、ネパールのチャンダマハーロシャナ・シャクティ(Caṇḍanahāroshana śakti)も女尊と立位での性交図（女尊は不動尊の首を抱き両足で不動尊の腰に絡めて性交している図で不動尊がシャクティによって威力を発揮している）もあるから不動尊が主体のごとく祀られていてもおかしくはないという見方もできるが。

このように聖天は知恵の神、学問の神として尊崇される上に、あらゆる諸人の願いをかなえてくださる有難い神でありながら、寺院の代表の仏神とされず、秘仏としてリンガを想わせる円筒状の厨子に納められ、真摯な信者の切なる面差しを見そなわすことができないのは誠にお気の毒の至りである。

現代の性風俗から見たら聖天像の抱擁は一向に性的な印象をうけとることは困難で、抱き合うポーズは幼い童心的ロマンすら感じられ、和合神として憚ることのない微笑ましい愛情のシンボルである。

したがって公開を拒否する必要のない尊像で、インドをはじめとする他国の露骨なミトゥナ像を、かくまで巧妙に表現せしめた日本の造仏者の芸術的手腕にむしろ敬服する次第である。

また聖天を祀りながらその尊体をひた隠しに隠したところで、明治の排仏棄釈以来、民間に流れた聖天像は、古美術商や仏像愛好家や蒐集家の手許にいくらも散見し、かつては伏見人形の一形式としてまで流布し、かえって馴染み深いものとなっているのであるから、いまさら非公開とする必要はないのである。

むしろ尊容を直接拝して願いを祈れるようにした方が聖天も相手を判断しやすく、繋がりが短絡化してよろしいのではなかろうか。

聖天を降伏させる大威徳明王

聖天は以上のように知恵と幸福と歓喜の夫婦和合の神として、どんな低次元の願いをもかなえてくださる、大衆にとってはこの上ない有難い仏神であるから、仏神界に対して無敵の万能神かというと、やはり泣き所があるとみえてかなわない仏神がいる。

如来・菩薩・明王のように、人民救済広大無比の大慈大悲がすべてでなく、もとは障礙神であるから、その前科のために、万一再び障害をなすおそれがあるために、仏様のご配慮によって、いざというときには頭を押さえる仏神がちゃんと用意されているから神の配剤に感謝せねばならない。

双身毘那夜迦の半身は十一面観音であるから、それが毘那夜迦の万一のよこしまな願いまでかなえてしまうときの安全弁になるはずであるが、この場合の十一面観音は女性であるから女性が男性の暴力にかなわないのと同じように毘那夜迦の横暴が度を超したときに押さえることができないのであろう。そのために大威徳明王に依頼すると毘那夜迦を降伏させることができるという。これについてはまだよくわからないので、次に記されている本を参照とする。雄松堂書店発行のシーボルト『日本』図録第三巻、宗教の訳注に、

大聖天を降伏するには大威徳明王法を誦す。

とあり図の注にも、

大聖歓喜天　最高の智恵と歓喜の神〔インドの詩においては賢明さの神ガネーサー **Ganesā**〔Ganeśa が正しい〕〕「本地すなわち仏教の故郷では観音アヴァローキテーシュヴァラである」原書には以下の注がある「智恵の神を服従させる〔回心させる〕ために大きな力の王（大威徳明王　マハーデーヴァ　図一六五参照）の教説が告げられる（告げられた）」

大威徳明王

強大な王〔マハーデーヴァ **Mahadeva**〕本地ではアミターバ（阿弥陀）に対応、邪悪な龍にうち勝つ者である。『青龍疏』No.112三三一‐五一六 a **Yanahtaka** 降閻魔尊、六足尊などとも呼ばれる。

胎蔵界持明院に置かれ水牛に乗った六面六臂六足像として表はされる。

とある。これによると大聖天は大威徳明王に降伏されるとあり、大威徳明王は邪悪な青龍を退治するともしているから、聖天が万一邪悪行為をしたらそのときに大威徳明王がこらしめ

るという意であろう。大威徳明王は聖天を降伏させるだけでなく、広い意味での破邪の神ということであろう。大威徳明王については国訳秘密儀軌編纂局の『新纂仏像図鑑』・に、大威徳明王は梵名を閻曼徳迦（Yanantaka）又は炎曼徳迦と称し、降閻魔尊の義にして解衆生縛と翻し、大威徳明王と名く。密号を威徳金剛又は持明金剛と云ひ、五大尊明王の一なり。西方蓮華部の忿怒身にして文珠菩薩の所変なり。故に仁王経儀軌上には「威怒六足金剛、此の尊は阿弥陀如来の教令輪身、其の自性輪身は文珠師利菩薩なり」とあり。又た此の尊を六面六足明王と名け、前六識の位なりとする所以は、聖閻曼徳迦威怒王立成大神験念誦法に「又彼の像を画き、及び己身を想ひて並に青黒色に作せ、六足六臂なり。六趣を浄め、六度を満じ、六道を成する所以なりとあるに依る。此の尊の梵名の閻曼を静と訳し、徳迦を悪作と翻す。故に此の尊の本誓は悪作を静止するの意にして、聖閻曼徳迦威怒王立成大神験念誦法には、此の尊の威徳並に画像の法を示して云く「爾の時に釈迦牟尼仏浄居天宮の諸の菩薩天龍八部を観じ、文珠室利に告げて宣はく、過去十阿僧祇倶低の如来皆大聖文珠師利菩薩に於て無上菩提心を発し給ふ。文珠師利の真言教法を説き、仏法をして世間に久住し、国王を加持し、国界を護持し、十善の法を以て有情を化導せしめんと欲す。今正に是の時なり汝宜説すべし。聖閻曼徳迦威怒王身は青水牛に乗り、種々の器仗を持し、髑髏を以て瓔珞頭冠となし、虎皮を裙となし、其の身の長け大にして無量由旬、偏身に火焔あり。洞然として却焼の焔の如し。四方を顧視して師子奮迅の如くにし」と。阿毘遮嚕

大威徳明王

迦儀軌品には、「閻曼徳迦の像は六面六手足なり。黒色にして肚狼の如し、髑髏の髪を持して怒り、虎皮を以て裙となし、種々の器仗を持し、手を捧げて畏(おそ)るべく、眼赤くして暴悪の形なり。三目は標識をなす。竪てる髪ありて熾なる火焰の如く、或は暈黒煙色なり。亦安(あ)善那と夏の雨の玄雲の色の如く、其の状却焼の如く、水牛に乗たるを画くべし。忿怒暴怖の事を云はば能く嚧(ろ)那羅を壊し、亦閻魔の命を断じ忿怒を常業となす云云」と。其他異説異像多けれども、常に用ふる像は、胎蔵界曼荼羅中にある黒色忿怒形にして火災(えん)髪あり六面は三面二重となり、左右両手の第一は大独股印を結び、右第二手は利剣、次手は棒、左第二手は三叉戟、次の手は輪を持ち、虎皮を裾となし、磐石に座する像なり。印相は根本大独股印にして内縛二中指を立て合せたる形なり。真言は立成儀軌に心中心法の真言として唵瑟致哩迦羅嚕跛吽欠娑嚩賀(オンシチリキャラロウンケンソハカ)を出す。

とある。この尊の梵名を閻曼徳迦というのは閻曼は静める、徳迦は悪作で、つまり悪業を静止せしめる意であるから、悪業をなすものを降伏させる威力ある明王である。故に聖天の悪業障害に対するだけでなく、もろもろの悪虐をなす夜叉神魔神をも降伏させるのであるから、大威徳明王は悪調伏に対しては最大の威力を示す。

つまり大威徳明王は無量寿如来の教令輪身であるから人魔を降伏させるに威力があり、仏教の仏身の中でその地位の低い聖天は明王には敵しがたいのである。

人間とは勝手なもので、聖天に対して、病悩、賊難の退散、商売繁昌、財宝入手、艶福、夫婦和合、子孫繁栄など、生きるために必要とはいいながら他の仏神にたのみにくいことでも遠慮なく祈願する反面に、聖天の障害をすこぶる恐れ、万一、聖天の障害をうけたと思うときには大威徳明王に祈って聖天を押さえてもらうというのであるから、悪くいえば人間が聖天を利用していることになる。

人間は本来の姿は、生から死までひたすら人間性をもって共存共栄のために努力すべきであるが、人知が高度化すると万物あらゆるものを利用して己れだけ楽な方法で得(とく)することを考え、ついに神仏まで利用しようとする。神にも仏にもわずかの報賽を行って、その数十万倍の見返りを得ようとするのが寺社詣りの折のお賽銭や奉納品である。溺れる者は藁をもつかむというが、利口になった現代人は溺れない状態でも己れだけの福徳確保のために、神仏に祈って、わずかの報賽で莫大な見返りを夢見る。初詣や、寺社の祭日縁日にこうした大衆のおびただしい数が群集するが、こうした宝籤を買うような投機的気持で仏前に手を合わせても、ご本尊がはたしてかなえてくださるかどうか。願う大衆は無数でもご本尊は一つ。とても個々に回りきれない。

聖天はあらゆる願いをききとどけてくださるが、障害があれば大威徳明王に頼んで封じてもらうというのは、はたして聖天が障害をなしたかどうかわからぬのに、聖天の仕業と思われて罰せられたら聖天は立つ瀬がないのではあるまいか。これでは聖天に感謝し、信仰するとはいえない。使い捨ての時代とはいえ、これでは仏神があまりにも気の毒であり、何のための信仰であるかわからない。

特に他の仏神と異なって、聖天には十一面観音という広大な大慈悲心ある監督者が付いているため、障礙神ではなくなっているのであるから、忙しい文珠菩薩の化身たる大威徳明王のお手を煩わして、聖天の横道に外れるのを降伏させてもらう必要はないはずである。

仏神には日本に伝来してから神仏混淆や垂迹説によってずいぶん日本固有の神と混じたものが多いが、聖天においては、その故郷である神の姿のままを伝えており、日本には棲息しない象の頭をつけたまま祀られるところに、聖天の特異性がある。

おわりに

本地垂迹の説というのがあるが、日本人は外来の神でも日本の神と習合させ、それにより仏神の威力霊験をさらに高めるという、信仰に対する特別の精神構造をもっていた。

　これは仏教が日本人の体質、古来からの思想に馴染みやすかったからであり、仏教自体がそれ以外のインド古来の神々をも護法神として取り入れることによって弘法(ぐほう)の歴史を有していたからであろう。日本で盛んとなった護法神は密教では特に多く尊信されている。その最も身近な一例がこの聖天さんである。

　聖天さんのルーツは知らなくとも、和合・商売繁昌・富裕、そしてあらゆる低次元の願いすらかなえてくれるという有難い仏神として民衆の厚い信仰をうけている。

　しかしそのご本体はインドのヒンドゥー教のシヴァ神の息子で異形にも象頭人身であり、インドの伝承通りの姿から象頭人身抱擁像にまで発展し、そのご尊影は馴染み深い。にもかかわらずほとんどの寺院はそのお姿を厨子に秘めて信者の目に触れさせず、ただご利益を説くか前立本尊として十一面観音を拝させている。したがって有難い説法を聞いても理解しにくいことが多いらしい。そこで聖天さんとは何かという本質を知る必要があろう。

現代は、江戸時代の無知蒙昧の民衆のごとくお説教を鵜呑みに押しつけられた頃とはまったく違うのである。

昨年『ダキニ天信仰とその俗信』という小著を出したが、これは研究不充分の書であったが、大変な反響をうけた。信仰するのにはただ〝有難い有難い〟と押しつけるのは通用しなくなっている時代である。

本書も不備の研究であるが、聖天さんの本質を知ってもらうためのご参考に供したい。

出版にあたっては永年お世話になっている雄山閣社長長坂一雄氏、同社常務理事・編集長芳賀章内氏、編集にお骨折りいただいた田辺喜美子さんに末尾ながら厚くお礼申し上げる。

平成元歳水無月六日

龍仙泊

笹間良彦

【著者紹介】

笹間良彦（ささま　よしひこ）

1916 年、東京に生まれる。文学博士。

日本甲冑武具歴史研究会会長を務め、『図解日本甲冑事典』『甲冑鑑定必携』『江戸幕府役職集成』『足軽の生活』『弁財天信仰と俗信』『好色艶語辞典』（以上、雄山閣刊）ほか、著書多数。

緻密な取材、調査からなる文筆とともに、詳細に描かれたイラストは臨場感を伴いながら、写真では再現できない時代を描写することで定評がある。2005 年 11 月逝去。享年 89。

平成 29 年 7 月 25 日 初版発行　《検印省略》

新装版　歓喜天信仰と俗信（かんきてんしんこうとぞくしん）

著　者　笹間良彦
発行者　宮田哲男
発行所　株式会社 雄山閣
〒102-0071　東京都千代田区富士見２-６-９
電話 03-3262-3231㈹　FAX 03-3262-6938
http://www.yuzankaku.co.jp
E-mail　info@yuzankaku.co.jp
振替：00130-5-1685

印刷・製本　株式会社ティーケー出版印刷

Printed in Japan 2017　ISBN978-4-639-02498-9　C0015
N.D.C.200　188p　19cm